京都 学び舎の建築史

明治から昭和までの小学校

A HISTORY OF SCHOOL BUILDINGS IN KYOTO

まえがき

「私の小学校を是非一度見て欲しい」という学生の目からは、曾祖父の代から通い続けた母校に対する誇りと愛着が感じとれた。筆者が所属する学科の当時一年生であった。こうして学生に連れられ、桃薗小学校（上京区観世町）を訪ねた。京都の小学校を見るのはこの日が最初であった。平成6年（1994）の12月も押し迫っていた。桃薗校は翌7年3月に閉校しているので、その直前というタイミングである。25年も前のことであるが、その感動は今も色あせない。

本書で詳しく紹介する桃薗校の校舎。第一印象は鮮烈で、豪華な講堂、重厚な書院造りの和室（元作法室）、ゆったりとしたスロープ、驚きの連続であった。いまにして思えば、京都の番組小学校との出会いは、教え子が取り持ってくれた。当時の「京都新聞」紙面のコラム「水曜フォーラム」では、この時の感動のままに戦前校舎を残すべきだと熱っぽく書いた（平成7年6月28日付）。

この訪問をきっかけに市中の小学校通いが始まる。平成7年1月17日、阪神・淡路大震災の当日は、元本能小学校に伺うことになっていた。早朝、京都市内も大きな揺れに見舞われていた。卒論に取り組む学生を伴い予定通り同校を訪れる。元校長先生が、不安げな表情で私たちを出迎えてくれた。大正12年（1923）5月竣工の京都初の鉄筋コンクリート校舎は築72年を経ていた。京都市中で最古の鉄筋校舎は大丈夫だったのか、気がかりな気持ちを抑えつつ校内を見回ったことが、昨日のように思い起こされる。

本能校に限らず、巡った学校ごとに校舎の鮮やかな記憶が脳裏に残る。いずれも個性的で風格を備えていた。桃薗校も本能校も、閉校した戦前校舎の多くはすでにない。

本書は、平成17年（2005）1月から6月にかけて「京都新聞」紙上に25回に分けて連載したコラムをもとにしている。書名は筆者がつけたものではなく、コラムのタ

イトルをそのまま引き継がせていただいた。しかし14年も前の連載記事である。項目を増やして大幅に加筆した。図や写真も追加した。さらに平成10年（1998）、京都市の委託調査で撮影した写真をベースに、新たに「学び舎探訪」を編集した。戦前期の鉄筋校舎の見所と特徴の理解の助けになればと思い、項目ごとに短い文章も添えた。

毎年、学生を連れて京都芸術センターにお邪魔している。昭和6年に建てられた元明倫小学校である。京都の近代建築を見る授業の一環で、本書にあれこれ書いているようなことを話しつつ1時間かけて回る。学生の反応はすこぶる良い。78畳もの広さの和室（集会室）には驚かされるし、講堂も立派、スロープの荘厳な雰囲気、廊下には木がふんだんに使われ木造校舎の雰囲気が残る。鉄製サッシの窓は面白く動き見学者の歓声が響く。ともかく見所が多い。いずれも小学校のイメージとはかけ離れている。「学び舎」という機能からのこの距離感がいい。戦前校舎の建築的ゆとりは、閉校校舎の利活用に柔軟に働いているようである。実際、同センターは旧校舎の内外の姿を最大限残しつつ活用されている。利用者は多く、人気の施設であると聞く。

戦前校舎の価値は建築のレベルに止まらない。学舎の歴史は、学区による弛まぬ校舎整備の歴史でもあった。このことは、本書が強調する点である。財源も意志決定も学区民自身によるものであった。校地と校舎の発展の軌跡は、間違いなく近代京都における町づくりの一翼を担っていた。学び舎の建築史は、京都が誇るべき「市民による町づくりの歴史」と言い換えることができる。市中に今も残る戦前の校舎は、地域の歴史を具現し、雄弁に語りかける証として価値が高い。ゆえに、学舎を失うことは地域の要を失い、その歴史を失うことに等しい。

戦前校舎の保存とその活用への模索は、市民主体の町づくりの伝統を引き継ぐ取り組みと同義である。明治以来の伝統の上に、新たな歴史が刻まれることを願いつつ、本書がその一助となれば幸いである。

京都の学校

——学区民による努力の所産

明治2年（1869）、京都の上京・下京合わせて64の小学校が一斉に開校する。中世以来の「町組」を再編した「番組」すなわち学区に、1校ずつ小学校が設置された。「番組小学校」である。明治2年は、日本の学校教育史を画する年となる。明治政府による「学制」の発布は明治5年（1872）。全国の小学校はこれを契機に創設されるが、これに先駆けること3年、京都は学区民の力によって日本初の小学校を独自に誕生させた。

大正7年（1918）、京都市は番組校創立50年を記念して『京都小学五十年誌』を編纂。昭和44年（1869）には、各校こぞって100周年の記念誌を出している。そして令和元年（2019）は番組小学校創立150年である。節目の年、本書は京の「学び舎」の歩みを辿《たど》ることとした。

150年といっても、本書が扱うのは明治2年に始まり、昭和16年（1941）の国民学校令により学区が廃止され、小学校が学区から切り離されるまでの70年余りである。人ひとりの人生に等しい時間の中で、番組小学校の校舎は濃密な歴史を歩んだ。この点は、番組各校の校舎更新過程を一覧した表（巻末参照）を眺めていただければ一目瞭然であろう。

校舎の増改築や建替が目まぐるしく繰り返された。そのために校地の拡張も頻繁に行われた。すべてが学区と学区民を挙げた取り組みであった。一覧表に記した刻印は、すべて番組各校の沿革史から拾い上げた記録である。各学校の沿革史が記述する諸事業の大半が、校舎や校地に関わる事柄であることに驚かされた。番組各区は、70余年の間、途切れることなく我が学区の小学校の整備に専心した。この営為は、学区民でなくとも語り継ぐ意義があると考えるだろう。実際、学び舎をめぐる学区の足跡を紐解く意義は、本書を通読すれば了解いただけるはずである。

明治元年12月、京都府が学校建築のモデルプランを市中に示達して以降、学区それぞれに校舎の姿を模索する時期が続く。そもそも繁華な京都市中に立つ小学校である。校地は狭い。校舎の整備とともに校地の拡張が地道に続けられ、時に校地の移転という大事業が決断された。

当初の校舎は役所を兼ねていた。この点にも明治初頭の校舎の特徴が読み取れる。役場が学校から切り離される明治の中頃以降、本格的な学舎が整い始める。京都における木造校舎の確立は、その姿もまた独特であった。日本の学校建築史において、京都番組校の校舎は極めて特異な位置を占めている。

鉄筋コンクリート校舎の前史を飾る木造校舎の時代は、多くの資料や写真からその豪壮な姿を窺うことができる。それだけではない。校舎の「移築」と「転用」の過程を追えば、校舎の転変の歴史が浮かび上がる。寺院や公家屋敷、藩邸の建築や敷地が小学校に転用された。移築されて校舎に活用される事例も多かった。さらには、校舎の建替に際して他所へ移され、用途を変えて今も立派に現存している旧校舎も多く見出された。遥か遠く鎌倉へ搬送された校舎まである。

木造校舎の歴史は「移築と転用の歴史」でもあった。国宝の彦根城天守は、大津城を移築し拡張したものである。さらに遡れば、奈良唐招提寺の講堂（国宝）は、平城宮の宮殿建築の一部が鑑真和上に寄贈され、移築改造されたものだ。資源循環型社会のあり方が問われる現代である。図らずも京都の木造校舎の歴史は、日本建築本来のあり方を私たちに教授してくれる。

大正期の終盤になるといよいよ鉄筋コンクリート校舎への胎動が始まる。その誕生はしかし苦難の連続であった。昭和9年（1934）室戸台風の悲劇は鉄筋校舎への建替を加速させ、番組各校の大半が戦前期のうちに鉄筋校舎への建替を果たした。ゆえに戦後も長く残り、今日も多くが現存する。この戦前校舎群は、戦後に出現した数多の鉄筋校舎とは異なる特徴を備えている。それは、ひとえに学区民の総意と努力の賜物であり、校舎のデザインを担った当時の京都市営繕課技師たちの高い技量の証でもある。ゆえに、戦前校舎の内外を見て歩きながら校舎群の特徴と価値を実見したいと考えた。

本書は京都の学び舎の歴史を辿り、戦前校舎を探訪する。筆者が現地で撮影した校舎は、その後取り壊され現存しないものも少なくない。ゆえに、写真には可能な限り撮影年月日を添えた。今となっては貴重な資料であるとの考えから、写りがあまり良くないものも採用している。その点はご容赦いただくとして、戦前校舎の内外を通覧すると、標準化された戦後の校舎とは異なる魅力が浮かび上がる。

繰り返しになるが、学び舎70余年の歴史とその校舎群は、学区民による絶え間ない努力の所産である。本書は、その事実を再確認する作業をまとめたものである。

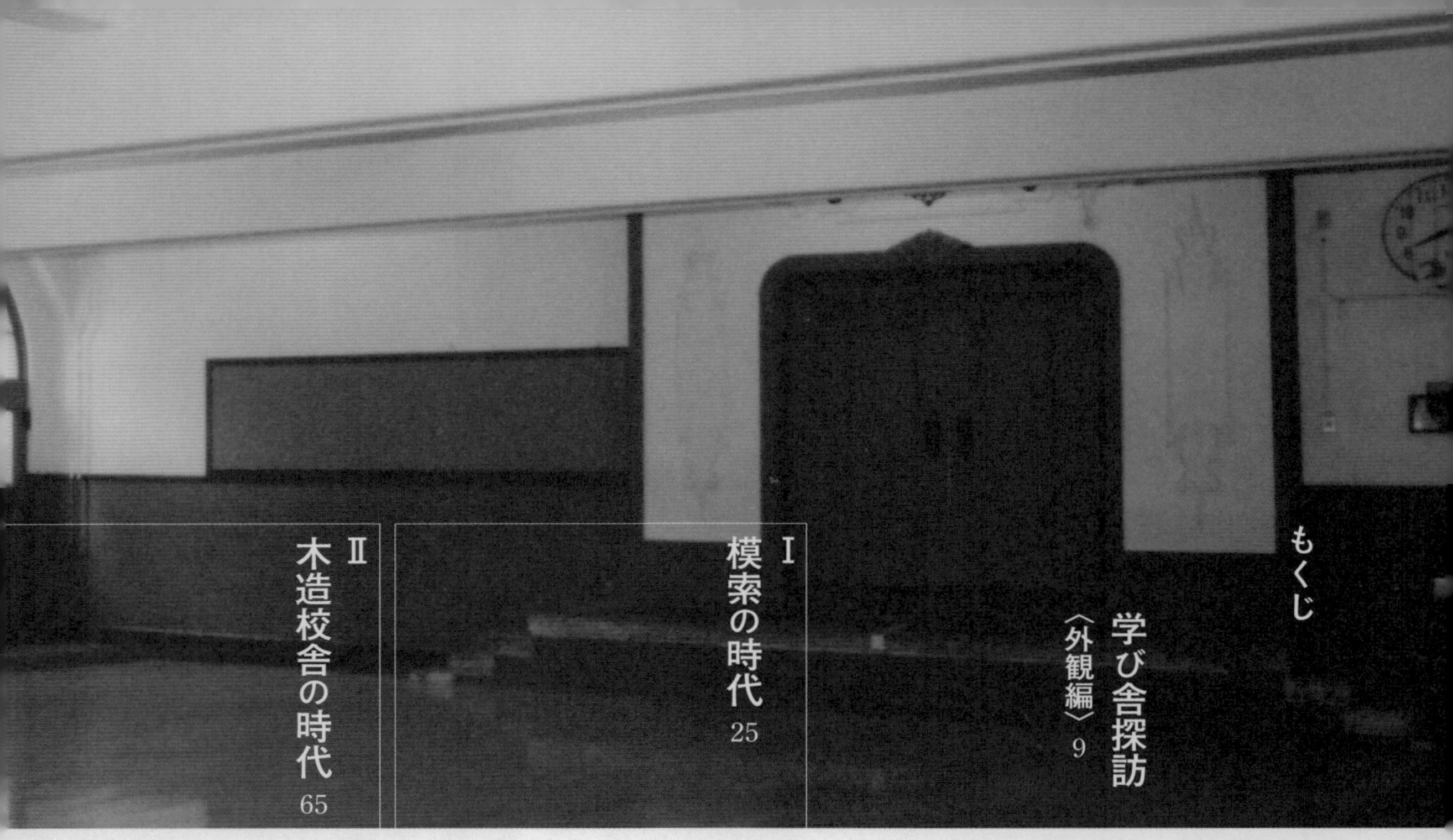

もくじ

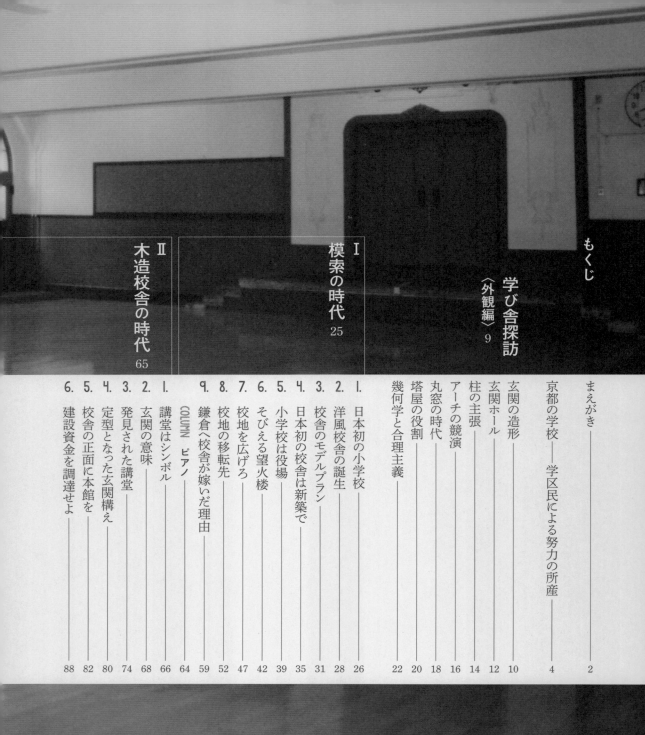

Ⅲ 鉄筋コンクリート校舎の時代 93

学び舎探訪〈内観編〉153

学び舎探訪〈外観編〉

京都精華大学国際マンガ研究センター
京都国際マンガミュージアム
京都市立龍池小学校
龍池自治連合会
財団法人龍池教育財団

玄関の造形

成徳校のアーチが続く一階の窓。手前が児童昇降口とその装飾的な鉄扉（昭和5年築、2014/3/23）⑧

木造校舎の時代、校舎は玄関を重視し豪華さを競った。その伝統はそのまま鉄筋コンクリート校舎に継承された。京都市内初のコンクリート校舎である**本能校①**（大正12年）、あるいは**明倫校②**（昭和6年）では玄関の前に車寄せ（ポーチ）を張り出させ、玄関を誇示している。次に、**立誠校③**（昭和2年）のように大きな玄関庇《びさし》を深く差し掛け、庇の下で手の込んだ「持ち送り」（張り出しを支えるために壁や柱から差し出した腕状の補強材）を大げさに伸ばす校舎の一群がある。最も華やかな玄関庇は**銅駝校④**（8年）と**小川校⑤**（13年）である。その彫刻的なデザインは玄関の存在感を一層高めている。入口の廻りに大きなアーチを縁取ることも昭和初期校舎の特徴で、これも立誠校が最初である。**中立校⑥**・**淳風校⑦**の両校（5年）、小川校（13年）などが続く。円弧を描く玄関フレームは、庇の先端と同様に幾何学的模様で縁取り玄関廻りを印象づける。**成徳校⑧**（5年）は、連続するアーチ窓の端に児童昇降口の大きなアーチを並べ、アール・デコ調の装飾鉄扉を嵌めている。**生祥校⑨**（13年）の玄関庇はシンプルなタイル張りであるが、太く誇張した石貼りの列柱がそれを支え、単調になりがちな外観に個性を与えている。

立誠校の玄関庇とそれを支える大柄な持ち送り。アーチ状に縁取られた玄関口（昭和2年築、1994/12/27）③

明倫校の玄関ポーチ（現京都芸術センター、昭和6年築、1998/3/11）②

本能校の玄関ポーチ（大正12年築、1994/12/27）①

小川校の玄関庇と上部のアール・デコ調の装飾（昭和13年築、1998/3/18）⑤

銅駝校の玄関庇とそれを支える持ち送り（昭和8年築、1995/1/17）④

生祥校のタイル張りの玄関庇と太く誇張された柱のデザイン（昭和13年築、2019/5/16）⑨

淳風校の玄関庇とアーチ状に縁取られた装飾的な玄関口（昭和5年築、1995/1/17）⑦

中立校の玄関庇。階段状の持ち送りと庇上部の装飾。アーチ状に縁取られた装飾的な玄関口（昭和5年築、1994/12/26）⑥

玄関ホール

成徳校のアーチ状の梁型とタイル張りの壁による玄関ホールと幾何学的な窓枠デザインの受付窓（昭和5年築、2014/3/23）③

玄関ホールは、壁に大理石やタイルを張り、床はモザイクタイル、さらに木製の重厚な玄関扉を設けるなど豪華である。しかも、造作は学校ごとに異なる。**龍池校①・修徳校②**の両校（昭和4年）、**成徳校③**（5年）、**小川校④**（13年）では、玄関ホールの腰壁にスクラッチタイル（櫛で引っかいたような溝模様のタイル）や布目タイルなど、昭和初期に流行ったタイルを張り回している。**淳風校⑤**（5年）、**明倫校⑥⑦**（6年）、**桃薗校⑧**（7年）などでは、ホールの腰壁にさまざまな大理石を使用している。昭和8年建築の**銅駝校⑨**や**清水校⑩**、およびそれ以降の校舎では、大理石やトラバーチンなどの装飾用石材を梁の下にまで届くように高く張る。木製の玄関扉も、校舎ごとに趣向が凝らされて玄関の重厚感を演出している。

玄関ホールは学校の顔であり、それを個性づけるために最大限の造形が施されている。玄関ホールにはまた、来客用の小さな受付窓を開ける。訪問者がホールに隣接する学務委員室に用向きを伝えるためである。小窓の形にも個性的なものが多い。成徳校の受付窓は、幾何学的な窓枠のデザインが来校者の目を大いに楽しませただろう。

小川校の玄関ホール。タイル張りの壁。床は黒タイル張り（昭和13年築、1998/3/18）④

修徳校の玄関廻り。重厚な木製の玄関扉とタイル張りの腰壁（昭和4年築、1998/2/6）②

明倫校の木製玄関扉。扉周囲のガラスの模様は玄関ポーチの石張りのパターンに同調している（現京都芸術センター、昭和6年築、1998/3/12）⑥

龍池校の玄関廻り。装飾的な方立柱をあしらう木製玄関扉とスクラッチタイルと大理石を組み合わせた腰壁のデザイン。受付の小窓（現京都国際マンガミュージアム、昭和4年築、2006/11/1）①

立誠校の玄関ホール（昭和2年築、1994/12/27）

明倫校の玄関ホール。腰壁にトラバーチンを張り、床はタイル張り。受付の小窓（現京都芸術センター、昭和6年築、1998/3/12）⑦

淳風校玄関廻り。木製の玄関扉と大理石張りの腰壁。受付の小窓（昭和5年築、1998/7/22）⑤

清水校の玄関ホール。梁下まで石を張った壁。床は壁と同色のモザイクタイル張り。受付の小窓（昭和8年築、1995/5/31）⑩

銅駝校の玄関ホール。大理石を梁下まで張り回し、床は装飾タイル（現銅駝美術工芸高等学校、昭和8年築、2019/5/16）⑨

桃薗校の玄関廻り。腰壁の大理石とタイル張りの床。装飾的な受付窓は他校よりも大型（昭和7年築、1995/6/23）⑧

柱の主張

西陣校の教室棟外観。左手前三階の張出部は唱歌教室（昭和10年築、2008/11/21）⑧

修徳校①②（昭和4年）や**新洞校③**（同年）では、三階や塔屋部分に中世のヨーロッパで建てられたロマネスク様式の教会で見かけそうな柱を並べ、外観を印象づけている。**龍池校④⑤**（3〜4年）では、窓と窓の間の方立柱を強調するデザインである。特に玄関上部の2本の大きな柱には独特の幾何学的な装飾を施し、玄関廻りを華やかに演出している。**中立校⑥**（5年）では、玄関を含む中央6スパン分の柱型の先に柱頭飾りを付けることで、玄関に視線を誘導する。**西陣校⑦⑧**の教室棟（9〜10年）は柱を強調するデザインである。柱型が長く繰り返し、垂直線が外観を支配している。しかし、三階の西側端部ではこれに変調が加わる。教室が張り出し、柱を包み隠しているのである。内部は唱歌教室である。張り出しは教室内では出窓となり、柱は室内に並ぶ。柱が内部化され、教室側で視覚化され強調されているのである。

新洞校塔屋の方立柱（昭和4年築、2019/1/27）③

修徳校の三階窓。方立柱の詳細（昭和4年築、1998/2/6）②

修徳校の表側外観。三階の窓に方立柱が並ぶ（昭和4年築、1998/2/6）①

装飾性の強い二本の方立柱が玄関廻りを強調している（現京都国際マンガミュージアム、昭和4年築、2018/12/3）⑤

龍池校の二層分の方立柱（現京都国際マンガミュージアム、昭和4年築、2018/12/3）④

西陣校教室棟三階の唱歌教室の室内。出窓となり、柱が内部化されている（昭和10年築、1998/4/22）⑦

中立校、玄関廻りを強調する柱頭飾りがついた柱列。中央6スパン分、学務委員室（左）応接室（右）（昭和5年築、1994/12/26）⑥

アーチの競演

清水校本館棟三階。窓枠が装飾された二連、三連のアーチ窓が並ぶ（昭和8年築、2004/6/14）⑦

昭和初期の校舎には大きなアーチを並べるものがある。**成徳校①②**（昭和5年）の連続アーチは最も長い事例である。最上階に小さなアーチを繰り返す校舎もある。**立誠校③④**（2年）は玄関の上に三連アーチを配置する。外観に中心性を添え、内部では階段室を厳かな雰囲気で包む。**淳風校⑤⑥**（5年）の三階にはアーチ窓がひたすら続く。内側は廊下である。歩く楽しさがアーチ窓から降り注ぐ。**清水校⑦⑧**（8年）の三階には、タイルで縁取るアーチと方立柱を組み合わせた二連・三連の華麗なアーチ窓が並ぶ。**柳池校⑨**（12年）では、眉のように縁取られたアーチ窓に加え、軒廻りにアーチがびっしりと並ぶ。西洋建築史の授業では、これを「ロンバルディアバンド」と教える。11世紀頃、初期ロマネスク様式の教会堂や修道院に現れた、軒先を飾る装飾文様である。昭和初期は鉄筋コンクリート校舎の発展期である。校舎をいかにデザインするか。校舎の設計を一手に担った京都市営繕課の技師たちにとって、中世ヨーロッパ、修道院建築に端を発したロマネスク建築は、学びの場を創造する格好のスタイルと映ったはずである。昭和初期の校舎はアーチの競演とともにあった。

柳池校。眉型の装飾がついたアーチ窓。軒下の「ロンバルディアバンド」（昭和12年築、1995/1/17）⑨

成徳校一階。アーチ窓が続く廊下の内観（昭和5年築、2014/3/23）②

成徳校一階廊下に沿った大型の連続アーチ（昭和5年築、1994/12/26）①

淳風校の三階。アーチ窓が連続する廊下の内観（昭和5年築、1998/7/22）⑥

立誠校。三階の三連アーチ窓内観（昭和2年築、1998/4/25）④

立誠校。玄関上部三階の三連アーチ窓（昭和2年築、1998/4/25）③

清水校本館棟三階のアーチ窓詳細。タイルで装飾された窓枠と方立柱（昭和8年築、1995/5/31）⑧

淳風校三階に連続する三連アーチ窓（昭和5年築、1998/7/22）⑤

丸窓の時代

明倫校塔屋内部の丸窓
（昭和6年築、1998/3/12）⑥

丸窓は、建物の端部（**桃薗校**①②）や玄関廻り（**竹間校**③、**西陣校**④⑤本館）、塔屋（**明倫校**⑥⑦⑧、**西陣校**⑨）などに用いられた。いずれも昭和4年から10年頃にかけての校舎である。昭和前期は丸窓が流行った時代である。丸窓は和でも洋でもなく、言い換えれば和にも洋にもある不思議な形である。この時期、郊外の文化住宅においても和洋折衷の意匠が流行する。洋館を従えたものも多い。丸窓は、玄関脇や二階の壁にしばしば開けられた。丸窓は、和と洋がせめぎ合う時代の刻印だと見てよい。丸窓の形は正円だけではない。下部が水平に切り取られた丸窓（竹間校、4年）や八角形（西陣校本館、11年）、半円形もある（桃薗校、7年）。筆者が最も印象深いと思うのは、明倫校のスロープの踊場上部に開けられた丸窓である。小学校であることをしばし忘れるほど、どこか宗教性を帯びた神々しい趣がある。**待賢校**⑩⑪（12年）の丸窓は、外観の意匠的効果もさることながら、室内における役割が重要である。廊下の突き当たりに開けられているからである。丸窓は、ほの暗い空間に特別な光を注ぎ込み、廊下を子どもたちにとって魅力的な場所に変換している。

竹間校の玄関上部。下部が水平に切り取られた丸窓（昭和4年築、1994/12/27）③

桃薗校スロープ上部の階段に施された半月窓（昭和7年築、1994/12/26）②

桃薗校本館端部の大型の丸窓（昭和7年築、1995/6/23）①

西陣校、階段室上部（塔屋）の丸窓（昭和9年築、1998/4/22）⑨

西陣校木造本館、八角形の窓の内観（昭和10年築、1998/4/22）⑤

西陣校木造本館の玄関脇の八角形の窓（昭和10年築、1998/4/22）④

待賢校の丸窓は廊下の端部に配置されている（昭和12年築、1998/3/13）⑪

待賢校の外観角部に施された丸窓（昭和12年築、2019/8/1）⑩

明倫校のスロープ上部に開けられた丸窓（昭和6年築、1998/3/12）⑧

明倫校児童昇降場上部の塔屋に施された丸窓（昭和6年築、1994/12/27）⑦

塔屋の役割

粟田校の塔屋内部（昭和12年築、1998/7/21）

塔屋とは屋上に突き出した部分をいう。階段室の最上階にあたる。屋上は、校庭の狭さを補うために運動場として利用されることが多く、塔屋は屋上への出入口として必要であった。**稚松校①**（大正14年）や、**新洞校②③**（昭和4年）、**六原校④**（5年）などでは、校舎の一部（階段部分）が屋上に突起し、装飾的な窓を開けて外観デザインの要とする。**成徳校⑤**（5年）や**銅駝校⑥**（8年）では、階段室に格子状の小窓を多数開けることで、その存在を際立たせている。**滋野校⑦**（12年）では塔屋の上に角が突き出し、階段室が校舎の外観を支配している。**弥栄校⑧**（同年）においても、階段室に和風の寄棟屋根を載せることで、階段室をシンボルに仕立てた。塔屋や塔屋と一体となった階段室は、窓が水平に連続する教室棟にあって垂直の動線を外観に示し、屋根に膨らみを持たない鉄筋コンクリート校舎のランドマークとして機能する。学び舎を巣立つ児童の心に刻まれた校舎の記憶は、塔屋のシルエットであったはずである。

弥栄校、和風の屋根が載る階段棟(昭和12年築、1995/5/30)⑧

滋野校の階段室と塔屋。角状の突起が印象的(現京都まなびの街・生き方探究館、昭和12年築、2006/11/10、改修後の竣工写真、前田建設工業提供)⑦

六原校、階段室上部の塔屋外観(昭和5年築、1998/7)④

銅駝校の校舎端部の階段室。サイコロ状の窓が集合する(昭和8年築、1995/1/17)⑥

新洞校、階段室上部の塔屋。二本の装飾的な柱を立てる(昭和4年築、2019/1/27)③

新洞校、塔屋の内部(昭和4年築、1998/7/22)②

成徳校、サイコロ状の小窓を並べた階段室(昭和5年築、2014/3/23)⑤

稚松校、階段室上部の装飾的な塔屋(大正14年築、1998/7)①

幾何学と合理主義

滋野校、曲面に処理された出隅部（現京都まなびの街・生き方探究館、昭和12年築、2006/11/10改修後）④

教業校①（昭和7年）の玄関上部はガラス窓が三角に突き出し、水平の窓台がガラス窓を細かく分割する。20世紀初頭、ピカソなどが主導した前衛芸術はキュビズムと呼ばれ、切子細工を思わせる造形は建築や家具や雑貨にまで広がった。教業校の幾何学的な構成は、当時のヨーロッパのデザイン潮流と響き合う。**待賢校②③**（12年）はガラス張りの出窓がカーブを描き、丸太町通を行き来する人の目を惹きつける。二階は唱歌教室、三階が図画教室。ワイドに広がる出窓は特別教室を明るく開放的なものにした。**滋野校④⑤**（12年）にも曲面の角がある。児童の動きをなぞるように廊下のコーナーを丸くした結果である。昭和10年代は機能に即したデザインが重視された。コンクリートはどんな形にもなる。その可塑性に気づき、曲面を生かしたデザインが流行する。「表現主義」と呼ぶ。当時の学び舎にはアーチ窓や装飾的な柱はない。機能性が追求され合理性が外観デザインの主調となった。唯一玄関廻りに装飾性が留まる。**小川校⑥⑦**（13年）の玄関庇の上、ずんぐりとした突起物には海外のデザイン動向が反映されている（ここではアール・デコ）。教業校の幾何学はその早い例である。

粟田校の教室棟、中ほどの屈折部（児童便所）が曲面になっている（昭和12年築、2019/5/16）

待賢校、出隅部
二階は唱歌教室
（昭和12年築、1998/3/13）③

待賢校、曲面の出隅部を強調したデザイン（昭和12年築、2019/8/6）②

小川校の表側外観。柱型と柱間いっぱいに開けられた窓が並ぶ（昭和13年築、1998/3/18）⑥

教業校、階段室の踊場が張り出した幾何学的なデザイン（昭和7年築、2019/8/1）①

滋野校、曲面に処理された出隅部（廊下）の丸柱（昭和12年築、1998/7改修前）⑤

小川校の校庭側外観。柱間いっぱいに開けられた窓は、腰壁を低くし表側よりも背を高くしている（昭和13年築、1998/3/18）⑦

I

模索の時代

1. 日本初の小学校

明治2年5月21日、富小路御池角の守山町に新設された上京第二十七番組小学校（後、柳池小学校）の開校式は、午前8時から厳かにかつ盛大に行われた。初代京都府知事の長谷信篤はじめ、同権大参事槇村正直ら府の高官が鎌倉武家風の直垂《ひたたれ》で正装し、中年寄（区長）の熊谷直孝など町の有力者が麻の裃《かみしも》で威儀を正して参列した。

式には他組の人々も集まり、「一万余人の集合ありて守山町は為に豆茶の接待となしたり」と『柳池《りゅうち》校沿革史』（1930年）は当日の様子を記している。けっして広くない当時の校庭を思うと、参集した人々の数とその熱気は想像を超えるものがある。こうして柳池校は、日本で初の小学校という栄誉とともに開校を果たした。

明治元年12月6日、京都府は小学校設立仕方を、学校建築の図面を付しつつ京都市中に示達。設立費用として各番組に金800両を下付（貸付）するとした。しかし、第二十七番組では府からの補助を辞して独力で建営を図る道を選択する（この点については、府から後に賞書が同番組へ送られている）。早速校舎の建設に着手し、翌2年3月に上棟式を挙行し、5月に竣工。まったく息つく暇もなく、5月21日の開校式を迎えたのである。

この5月21日は、修徳《しゅうとく》小学校（下京第十四番組小学校）においても開校記念日とされている。同校はこの日から授業を開始しているからである（『修徳校沿革史』）。柳池校ほど知られていないのは、開校式がやや遅れて7月1日に行われたためであろう。

しかし、柳池校の授業開始が6月16日であった、という事情も勘案すれば、ことさら柳池校のみを持ち上げるのはどうであろう。明治2年のうちに、上京・下京の番組小学校計64校が相次いで開校したのである。全国に先駆けて、これだけの数の小学校が群をなして開校したこと

写真1：明治9年移転の際に建てられた柳池校校舎（京都市学校歴史博物館所蔵）

の方が歴史的にはより重要で、近代日本の教育史上画期的な意義がある。

開校当初の柳池校の様子についてはよくわからないが、小規模な校舎であったことは想像にかたくない。当然ながらすぐ手狭になり、明治6年柳馬場御池に校地を求め（現柳池中学校校地の一部、柳池の名はこの地名に因む）、校舎を新築の後、同年9月に移転を果たす。

この頃に写されたとされる校舎の写真がある。瓦葺の平屋建ての建物で小さな火見櫓《ひのみやぐら》を載せている。窓は縦長で鎧板の開き戸を填《は》め、壁には石積に似せた目地が入り、角は隅石を積んだように張り出している。明らかに洋風である［写真1］。『柳池校沿革史』には「土蔵造りの東西両棟」とあることから、石積風の外壁は漆喰で造り出されていたようである。

明治11年、これに純然たる洋風の講堂が加わる［写真2］。柳池校は、建築史の方面では早くから注目されていた。千年の都に忽《こつ》然と生み落とされたこの純洋風の校舎が有名だからである。この講堂は、しばしば京都における明治期小学校校舎

写真2：明治11年に建てられた柳池校講堂（京都市学校歴史博物館所蔵）

の代表とされてきた。しかし、京都ではこれほど純粋な洋風校舎は他に例がなく、例外的な存在である、ということが調べて行くうちに明らかとなる。どのように例外なのか、この点は後に譲ることにしたい。注目すべきは、なぜこのような純洋風校舎が柳池校に出現したのか、である。この点は、二代目府知事槇村正直を抜きには語れない。

2. 洋風校舎の誕生

柳池小学校では、明治11年7月8日、講堂をはじめとする3棟の落成式が二代目府知事槇村正直の臨席を得て晴れやかに行われた。この日学区の人々は家ごとに幔幕を張り提灯を掲げ、家業を休んでこれを祝った（『柳池校沿革史』1930年）。

校地の移転後、5年目にしてようやく校舎の全容が整う。中心をなすのがこの日落成した講堂である。その建設は、明治10年北側隣地への校地の拡張から始められた。同年4月に石築を始め、7月15日には早くも上棟式を行い、その後1年を経て落成する。

講堂の建設は学区にとって一大事業であったが、府も大いに関心を寄せていた。権知事から知事になったばかりの槇村は時々来校しては工事現場に足を運び、意匠などについて指示をしたと沿革史は記している。加えて、50円の寄付までするという熱の入れようであった。

こうして完成した講堂は、瓦葺（本瓦を使用する点は珍しい）寄棟屋根の二階建てで、一、二階ともに外側に柱を回し（周柱式）、二階には四周にベランダを巡らせた純然たる洋風建築であった。

同時期の京都でこの講堂のモデルを探すとすれば、明治４年に竣工した勧業場本館［写真１］や同５年の舎密局《せいみきょく》本館、あるいは中学校本館（同６年築）などが思い浮かぶ。みな「西洋造りにて頗る美観なり」（『開化絵入京都見物独案内』１８８５年）と、当時京都の近代化を象徴する建物として評判となっていた。

写真1：明治4年築の勧業場本館（田中緑紅編『なつかしい京都』京を語る会、1958年）

いずれも寄棟屋根の二階建てで、その外観は柳池校の講堂とよく似ている。この講堂は、京都の近代洋風の先駆けとなったこれら建築群に倣ったのであろう。

そして、この講堂をこのような洋風建築に仕向けたのは、柳池校を熱心に訪れ工事に直に意見した槇村ではないだろうか。彼は明治元年に京都府に出仕以来、洋装、断髪の奨励など一貫した近代化の政策を強力に推進した（小林丈広『明治維新と京都』２０１６年）。先にあげた洋風の諸施設は、槇村の府参事時代に次々と建てられたものだ。

日本で最初に開校した柳池校の講堂を、彼は京都の小学校校舎の代表とみなし、勧業場本館や舎密局などと並ぶ、近代京都の象徴となることを意図したのではないかと想像する。

昭和に入り、教室棟が鉄筋コンクリート校舎に建て替えられた昭和３年以後

写真2：柳池校では、明治の洋風講堂が戦前まで保存された。背後は、昭和初期の鉄筋校舎（京都市学校歴史博物館所蔵）

も、柳池校の講堂は「日本最初の小学校校舎として保存されてゐた」（『京都日出新聞』同16年6月8日付）。昭和の新校舎と明治の洋風校舎が並んで建つ姿は、同校の歴史を物語るようで感慨深い［写真2］。学区のシンボルとして、この講堂は区民に長く愛され続けたのである。

昭和16年、学区会は校庭拡張の必要からやむなく講堂の売却を決議。しかし、保存を望む声は強かった。同新聞は「嘆きの老校舎二度勤め―更生する日本最初の柳池校舊校舎―」と題して、「学区のものたちは〝まったく惜しい〟と老校舎の更生策を寄寄協議の結果、これを同校の林間学舎の一部に利用しようとの意見が一致、近く具体的方策が立てられることになった模様である」と報じている。しかし、実際には大阪専門学校へと移築された。後に戦火に遭い焼失したという（近藤豊『明治初期の擬洋風建築の研究』理工学社、1999年）。

柳池校に前後して、他校でも競うように講堂が建てられた。しかし、これらを見渡しても柳池校ほどの純粋な洋風校舎を見つけることはできない。多くの番組校の学区では、近代化の象徴と囃され大いに目立つ存在であった洋風建築に、なぜかさほどの関心が示されなかったようである。学舎に求めるものが違っていたのであろう。

そのあたりを探るために、改めて明治2年まで遡ってみたい。

3. 校舎のモデルプラン

明治元年12月6日、京都府は市中に宛てて小学校開校に関する通達文を出す。むろん、学校に関する通達は全国初である。これには小学校の間取図が含まれていた。仮に「通達図面」と呼ぶ。府は、「この度建営する小学校は、別紙図面の通りに建営すべし。その坪数や方角、組の町人数の多少、場所の模様によって各番組の好みに任せるも、間取は図面の通りにすべし」(口語訳、以下同)と、校舎を新築する際には図面に従うことを求め、既存の建物を利用する際にも、「小学校の場所とすべき所に、有りがかり(既存)の建家があって、それに建て添える場合は、少々間取が変わっても苦しくないが、なるべくは図面の位置を失うことなかれ」(通達文は『京都府教育史』上巻、京都府教育会、1940年)と続け、少々形は違ってもいいが「通達図面」の「趣旨」の順守を強く求めている。

「通達図面」は、昭和14年(1939)、創立70周年を記念した明倫《めいりん》小学校(下京第三番組小学校)の記念誌『明倫誌』に印刷図面の形で掲載されている[図1]。同誌はこの図を「模式小学校図面」と呼び、「この図面は従来紛失して伝はらぬとされてゐたもの、今回饅頭屋町及び山伏山町の文書に発見されたものである」と添え書きしている。饅頭屋町・山伏山町はともに明倫学区内の町である。

実際、「山伏山文書」の中にその原図と思われる筆書きの図面が納められていた[図2]。府からの通達図を書き写したものであろう。『明倫誌』の印刷図面とほぼ同じであるが、2カ所に違いがある。一つは軽微なものであるが、二つ目の違いは筆者にとって興味深いものであった(後述)。

まずは、モデルプランの概要を、より見やすい図1に沿って解説してみたい。京都の市中に建てる学校である。校地の狭さを考慮してのことであろうか。「通

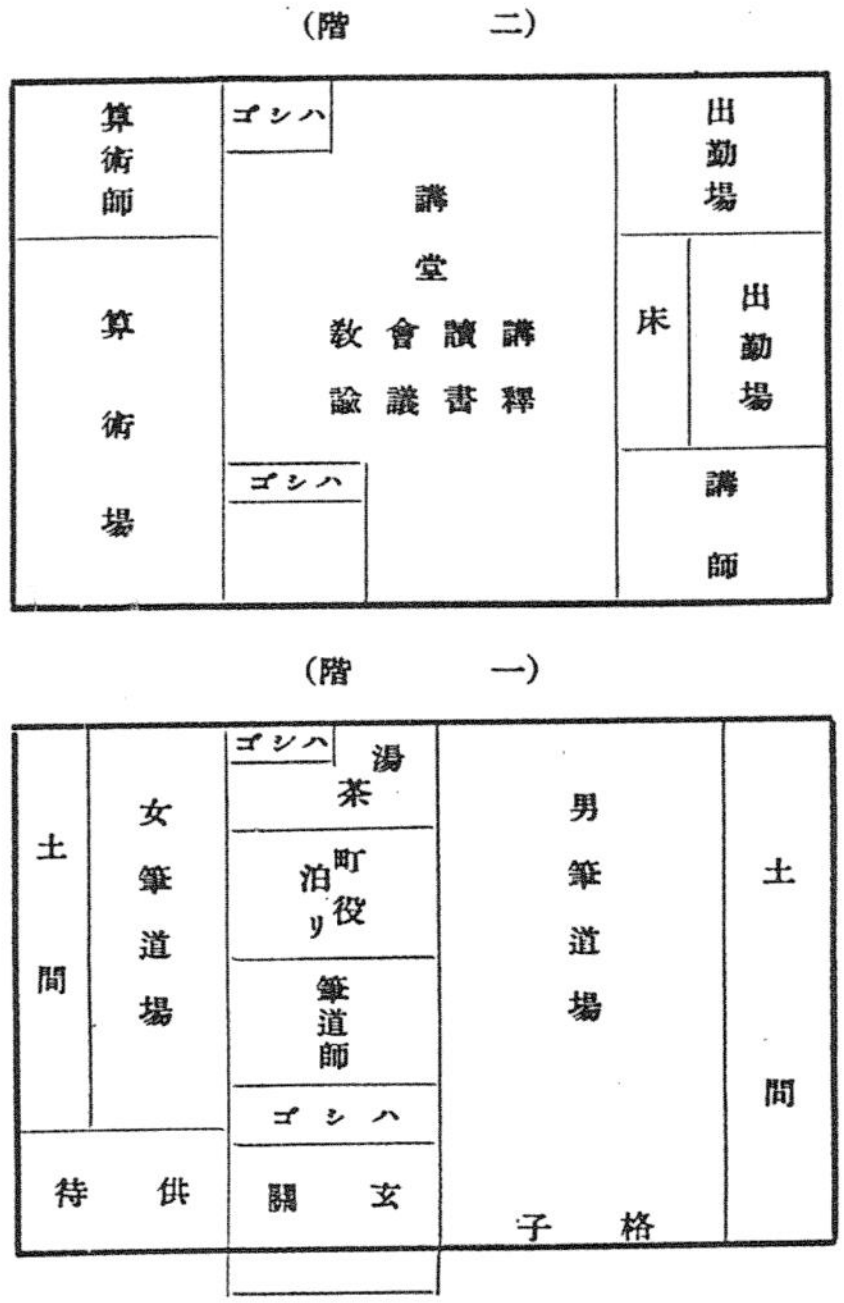

図1：『明倫誌』（明倫小学校創立70周年記念誌、340頁、1939年）に掲載された「模式小学校図面」

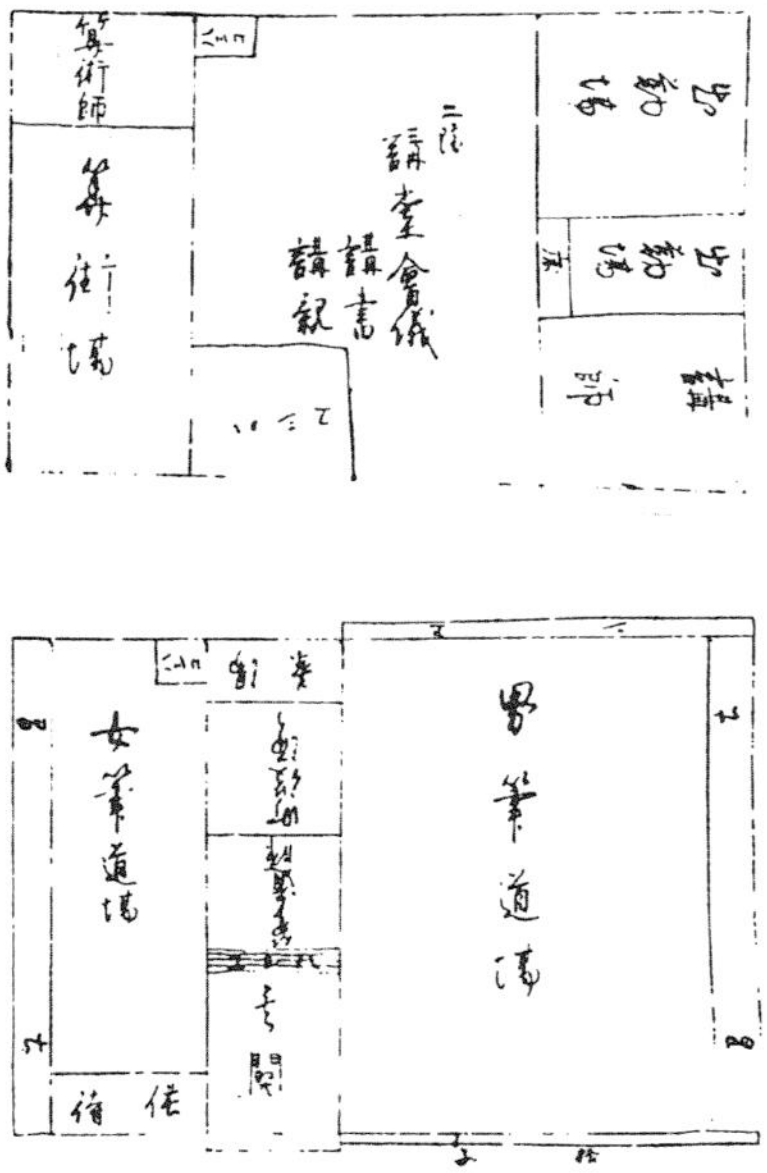

図2：「山伏山文書」に収録された「通達図面」の写し

達図面」は二階建てである。一階は「筆道場」（教室）を男女に分けて左右に配置し、それぞれの脇に「土間」すなわち児童の昇降口（出入口）を設けている。男子道場が女子道場よりもかなり広く割り振られている点が目を引く。江戸時代の寺子屋教育における男女別学の精神を引き継ぎ、しかも寺子屋への就業率の男女差の実情を反映したもの、と察せられる（なお些細な違いであるが、図2では男子道場の上側に縁があるが、図1に縁はない）。両教室の中央には、表から「玄関」、「筆道師」があり、その裏手に「町役泊り」が続く。玄関の表側に張り出しを描く点も見逃してはいけない。車寄を伴う玄関構えであろう。

二階の中央を占めるのは「講堂」である。「講釈・読書・会議・教諭」と、講堂の役割を列記している。一方、図2の講堂では「会議・読書・講釈」のみを並べる。教諭の文字はない。並び順も違う。『明倫誌』編纂の際、教諭を加筆し並びも変えられたのかもしれない。教諭の付記と「講釈・読書・会議」という図1の並び順に意味がありそうである。

図2にみえる「会議・読書・講釈」。会議を冒頭においた並びは、おそらくは府からの通達文にあった原図通りである可能性が高い。それは、講堂と一階玄関との関係からも言える。講堂へは一階玄関奥の「ハシゴ」（階段）から昇降する。児童たちもこの階段を使ったはずであるが、玄関と二階の講堂とが階段で直結されている点が重要である。

講堂は、会議など広く学区民の利用が想定されていた。このことは、講堂右手に「出勤場」が設けられていることからも明らかであろう。出勤場とは「中年寄以下町役の出勤場」（『明倫誌』）であり、一階の「町役泊り」と同様、町役が詰める場所だからである。

『明倫誌』の編纂は昭和14年である。図1はこの時に作図された。図1の講堂では教諭が付加され、講釈・読書が会議の前におかれた。筆者は、その背景に講堂の役割の変化があったとみている。

講堂の左手には「算術場」と「算術師」、講堂の右手、出勤場の手前には「講師」とある。明治2年5月に京都府が出した「小学校規則」からは、当時の小学校の教科は「筆道・算術・読書」の3科目であることがわかる。いわゆる「読み・書き・そろばん」である。開校当時の小学校教育は、江戸時代の寺子屋教育の延長上にあった。「通達図面」に見える「筆道場」「算術場」「講堂（読書）」の各部屋は「筆道・算術・読書」の3科目と対応し、それぞれの脇にある「筆道師」「算術師」「講師」は、担当する教師の控室である。

講堂には読書とともに「講釈」とある。これは、市中の学校を巡回する道話師が日を定めて「儒書講釈」あるいは「心学道話」を行っていたためである。これが後の「修身」の前身だと『明倫誌』はいう（『明倫誌』336頁）。

『明倫誌』は、さらに詳しく「男女席を分ち、先生の前に二列づつ向き合って四列に長く並んで習字をしてゐる。それが生徒各自の席である。そして順番を定め十人乃至十五人づつ別室に行って口読、算術等を習ふ、すむと又自席へかへって習字をつづけるといふ状態であった。勿論椅子卓子はなく、各自が手習机と文庫をもって来て学校に之を置いたので、習字の手本はその筆道師の肉筆であった」(『明倫誌』３５１頁)と学校内の様子を説明し、その上で「全く寺子屋と同じである」と評している。

「筆道場」が子どもたちの日常の教室である。実際、寺子屋では習字が授業の中心であった。寺子たちは「登校から下校にいたるまで自分の机に向かって習字の稽古に時間の大部分を費すのが常であった」(文教政策研究会『日本の教育―古代から現代までの歴史と変遷―』１９８５年)というから、寺子屋の教育内容とスタイルが、小学校へそのまま引き継がれたことになろう。

「通達図面」二階の講堂には、(階段を下手として)上手中央に「床」すなわち床の間、それもかなり大柄の床を設置している。その格式張った講堂室内の構成は、玄関を張り出す外観と呼応しあう。京都府は小学校を学区の顔とすべきと考え、それにふさわしい格式を建物の内外に施そうとしたのであろう。

明治元年、府からいち早く学区民に示された「通達図面」は、教育内容こそ近世を踏襲したものの、講堂を核としつつ諸室を過不足なく配置し、整然とレイアウトされている。まさにモデルプランと呼ぶにふさわしいものである。

なお、明倫校は、校名の由来となった「明倫舎」という江戸時代以来の心学道場の建物(敷地２５０坪、建物48坪)を借用し、小学校へ転用して始まる。明治２年、旧暦の９月16日(『明倫誌』、ただし同校の『沿革史』では11月２日開校とある)のことで、当時は下京第三番組小学校と呼ばれていた。近世明倫舎は、元治元年(１８６４)の大火(通称「どんどん焼」)で全焼したが、全国各舎からの寄付により速やかに再建されたという(『明倫誌』３３６頁)。

旧明倫舎を活用した校舎は占出山町の一角にあった。明治８年、山伏山町の土地を購入して校地を拡張し、室町通りに面して正門を構えるまで、正門は錦小路通りにあった。現在も旧正門が残されている。この点は誠に貴重である[写真１]。

旧明倫舎の建物の詳細はわからないが、下京第三番組小学校は明倫舎からの転用校舎であったために、モデルプランが十分に生かされたとは考えにくい。

写真1：錦小路通りに面して残る明倫小学校旧正門（2018/11/14）

4. 日本初の校舎は新築で

上京第二十五番組（龍池学区）では、明治元年11月に小学校の設置を決め、柳池小学校と同様に府からの下付金に頼らず独力での学校開設をめざした。そのために、学区全世帯から1分2朱ずつ徴集した。その合計３００両に学区内からの寄付金１７００両を合わせて合計２０００両を集めきる。当時の１両の価値を判ずるのは難しいが、諸書によると現在の２万～２万５０００円らしく、短期間のうちに学区総がかりで４０００万～５０００万円もの資金を集めたことになる。翌２年６月10日に校舎を起工し、同年10月25日に竣工を果たす。設置を決めてから１年足らずという早さである（『龍池百周年記念誌』１９６９年）。

柳池校からは半年ほどの時間差はあるとはいえ、学区民が一丸となり小学校創設に取り組んだ意気込みと熱気は想像を超えるものがある。しかも、かように革新的な事業が市中66学区において同時に進められ、明治2年のうちに64校が開校を果たしたのである（共立校が2校あった）。龍池《たついけ》小学校のように開設時に校舎を新調して臨んだ番組校は、各『沿革史』などから数え上げると44校にも及んだ。短期間のなかで多額の費用を集め、7割近くの学区が校舎を新しく建てたことになる。

この事実の持つ意義は、京都番組小学校が日本で最も早く開設された小学校群である、という教育史的範囲に留まらず、日本の近代建築史上においても画期的な出来事として記録されるべきである。

では、実際どれほど画期的なのか。この点を考えるために、市中から周辺に目を転じてみよう。当時の京都市周辺郡村に設立された小学校は「郡中小学校」と呼ばれた。郡中小学校の開校は、全国に「学制」が発布された明治5年以後である。しかし、開校時の状況は市中とは違っていた。

例えば、下鴨小学校（当時は愛宕郡下鴨村、現京都市左京区）は、下鴨神社境内の公文所の土地８４０坪と建物を無償で譲り受け、明治6年4月5日、愛宕郡第三区下鴨校として60名ほどの生徒で開校された（『下鴨の教育』１９６４年、『下鴨風土記』１９９１年、『学校沿革史』）。

北白川小学校（当時は愛宕郡北白川村、現京都市左京区）は、同7年2月10日、乗願院の南にある毘沙門堂を借りて仮学校として開校した。このお堂では、以前から村の子弟に手習いを教えていた。いわゆる寺子屋である。当初は教師1名、生徒30名ほどで、同10年、北白川天神宮の西側へ新築移転するまで3年間使用されたという（『北白川百年の変遷』１９７４年）。

山階小学校（元宇治郡東野村、現京都市山科区）も、明治5年5月6日、西本願寺山科別院の対面所を借り受けて開校。男子１７８名、女子77名、計２５５名と生徒数は当初から多かった（『山階校創立百周年記念誌』１９７３年、『沿革史』）。

伏見の小学校では、旧大名藩邸の跡地が活用された。伏見板橋小学校は明治5年11月5日、旧尾張藩邸をそのまま使用して開校し（『板橋百年誌』１９７２年、『１１０年誌』１９８２年、『伏見板橋創立１２０周年記念誌』１９９２年、『沿革史』）、伏見南浜小学校も同年11月26日、旧土佐藩邸の屋敷を活用した（『伏見南浜百年史』１９７３年、『沿革史』）。

明治7年までに創立された郡中小学校39校の中で、新築校舎が確認できたのは8校であった。一方で寺院を中心に既存の建物を転用した事例は22校に及んだ。番組小学校における校舎の新築率の高さとは対照的な状況であった（中間彩佳、大場修「京都市域の旧郡中における小学校校舎の形成過程」『日本建築学会近畿支部研究報告集』１９９９年）。しかし、当時日本全国の小学校は郡中小学校の方にむしろ近い。

参考までに東京府を例にあげよう。明治6年に制定された「東京府管下中小学創立大意」は「（第４条）既存の学舎をそのまま用いる」と唱い、「寺子屋転用方式」を推進している（『東京都百年史』第二巻、１９７９年）。筆者が調べたところ、明治3年から8年までにできた東京府下の公立小学校52校の内で、新築校舎は2校に留まっていた。明治20年になっても5割以上が仮設校舎のままであった。文部省のお膝元でもこのような状況である。

明治初頭の小学校は、寺院内のお堂や民家、士族の邸宅や演武場などを用いた仮設校舎が一般的であった。しかも、その状況は明治中頃まで続いた。その意味で、京都番組小学校における校舎の整備状況は、全国的に見ても最初期から抜き ん出ていた。江戸時代の京都は、心学道場の普及に努めるなど子弟教育に熱心であった。その下地が明治に入り一気に開花したのである。

では、開校時の新築校舎はどのようなものか。

冒頭に取り上げた龍池校では、御池通りに面した約90坪の敷地（御池通両替町通北西角）に木造二階建の教室棟と平屋建の管理棟（建坪合計22・5坪）を東西に配置した（『龍池百周年記念誌』１９６９年）。教室棟の構成は、二階を講堂（講義所）とする点を含め、京都府が各学区に示達したモデルプランによく沿っている［図１①］。開校当時の生徒数は約１５０名であった

図1：開校当初の校舎平面図集

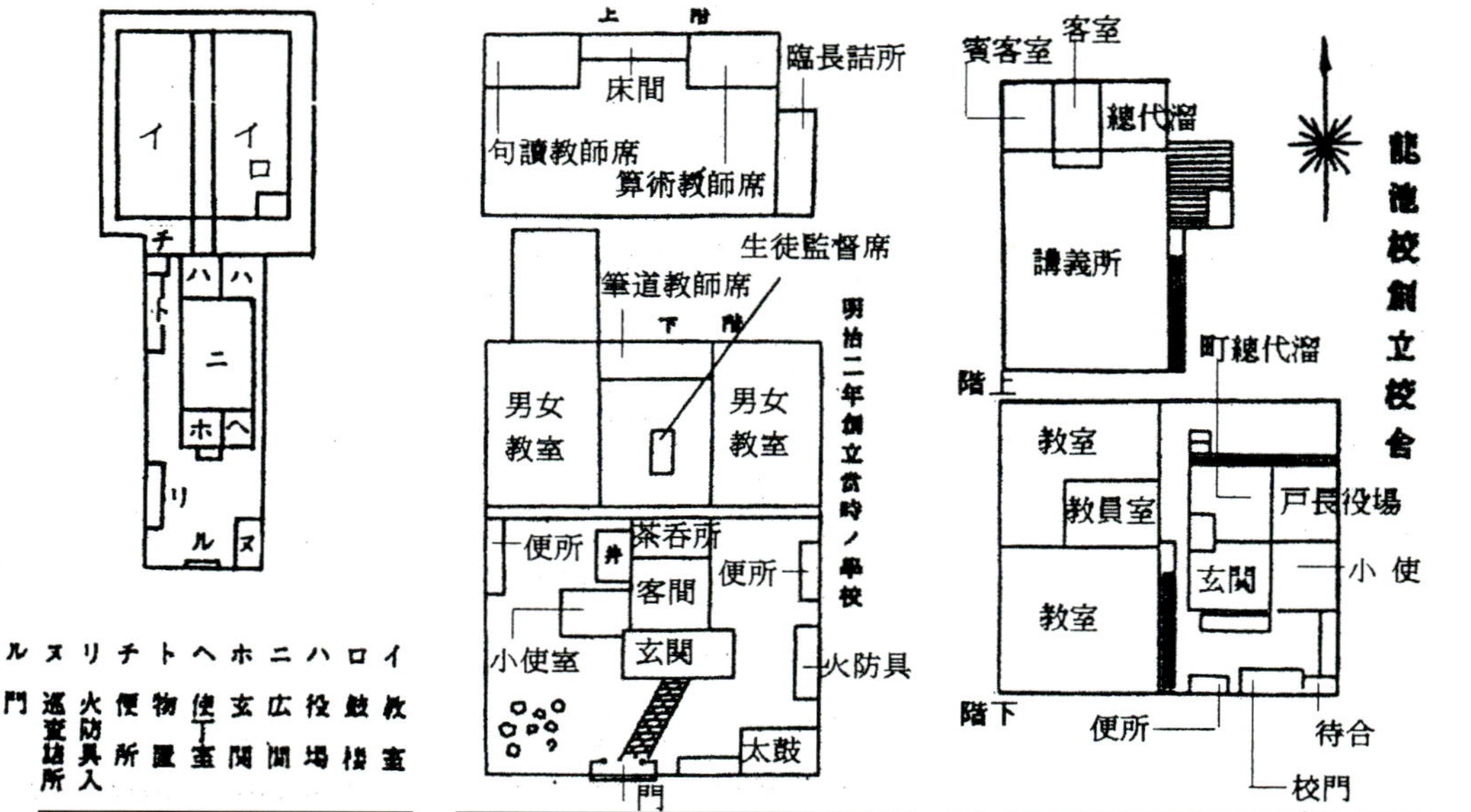

① 開校時、龍池小学校の校舎間取図。二階建ての教室棟と平屋の管理棟が左右に建つ（『龍池百周年記念誌』1969年）

② 開校時、銅駝小学校の校舎間取図。二階建ての校舎は一階が教室、二階が講堂。校舎の手前に玄関が張り出し、客間などが設けられている（『銅駝尋常小学校沿革史』1934年）

③ 開校時、格致校の校舎間取図。表に広間と役所、裏に教室をならべる（『格致百年史』1969年）

が、明治8年には約260名を数えると校舎が狭くなり、翌9年2月にすぐ北側の両替町通に面した旧銀座跡地、現在の京都国際マンガミュージアムの地へと移転した。

銅駝《どうだ》小学校（上京第三十一番組小学校）は、寺町二条（上京区榎木町）にかつてあった妙満寺の隣接地約50坪の所に、府からの下附金に学区内の寄付金を合わせて校舎を新築し、明治2年のうちに創設［図1②］。同4年には妙満寺の地50坪を借入れて校地を拡張している（『銅駝尋常小学校沿革史』1934年）。2017年に閉校した淳風《じゅんぷう》小学校の場合、明治2年7月、下京二十二番組と三十二番組の共立小学校として創設された。下京三十二番組が6カ町と少なかったために、隣接する二十二組と共立されたのである（『淳風校百年史』1969年）。開校当時は現在地の向かい側北寄りに位置し、75坪に満たない敷地に校舎を2棟、前後に建てていた。表側は二階建て、裏手は平屋であった。一階は男女別に振り分けて教室を配置し、二階には畳敷きの広い講堂を設けていた［図

1④」。この構成は龍池校と良く似ている。

これら3校を含め、開校当時の校舎の状況を描いた間取図には、他にも注目すべき類似点がある。これは、明治最初期の校舎の多くに共通し、しかもその後の木造校舎の形式を長く規定し続け、その原形となるものとして注目される。小学校は「役場」でもあった、という点である。

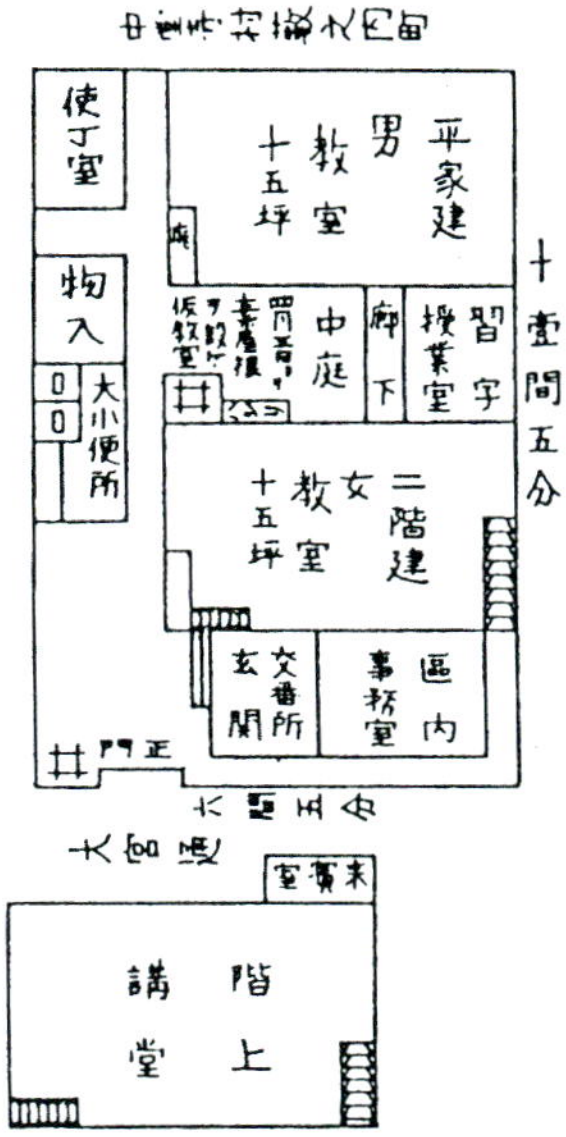

④ 開校時、淳風小学校の校舎間取図。二階建てと平屋の棟が前後に建つ（『淳風校百年史』1969年）

5. 小学校は役場

校舎の玄関には巡査が詰めていた。明治初年、淳風小学校（下京第二十二・三十二番組共立校）の新築校舎、その玄関は「交番所」でもあった。梅逕《ばいけい》小学校（下京第二十三番組小学校）の開校時の新築校舎も、玄関の奥は「巡査派出所」である。格致《かくち》小学校（下京第八番組小学校）の場合、校門の脇に「巡査詰所」と呼ぶ小さな建物が立っていた。

淳風校の玄関（交番所）、そのさらに奥は「区内事務所」である。龍池小学校の新築校舎も、玄関の奥は「町聡代溜」と「戸長役場」である。龍池校の玄関棟は平屋建てであるが、校門から入った正面にある。大きな玄関を校門に向けていて、厳しい外観が想像される。この建物、町の総代が詰める役所ということで、そもそも小学校には似つかわしくない。

格致校においても、校門の正面に玄関、

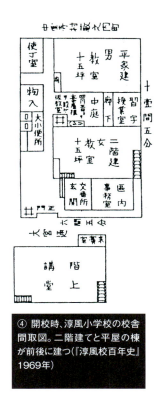

玄関の奥に「広間」を介して「役場」がある。教室はどこにあるかといえば、役場の裏手に細長く二つの教室が廊下を挟んで並んでいる。男女に分けられていたのであろう。

これまで取り上げた明治初年の新築校舎について、改めて教室の位置を確認してみたい。淳風校では、玄関の裏手に15坪ずつ男女別の教室を、中庭を挟んで設けている。15坪とは30畳でかなり広く、しかも男女差はない。それぞれに出入口用の土間（図には「庭」）があり、便所がその外側に別棟で立っている。ちなみに、図中の中庭には「四月五日より素屋根を設け仮教室」と書き込みがある。児童数が増えて計30坪の教室が手狭になったのか、中庭も教室として使われていた様子が窺われる。

龍池校では、校門正面に立つ玄関棟（役場棟）の西脇に教室棟が別棟で立っている。教室は2室あるが、「教員室」をその間に挟むために大小の差がついている。教室の二階は広く、「講義所」とある。講堂であろう。しかし、講義所の上手（上座）には、「総代溜」や「客室」「賓客室」が設けられていて、ここにも役場に連なる諸室が並んでいる。

日彰《にっしょう》小学校（下京第四番組小学校）の創設時の校舎は、今まで取り上げてきた校舎群とは趣が異なる。新築ではなく、「京都教諭所」（宣教館）の土地と建物の転用である［図1］。京都教諭所は天保9年（1838）、庶民教育のための施設として東洞院三条下ル住心院地内に開講されたが、元治元年（1864）の大火で焼け、翌年2月に東洞院三条西北角に場所を移して再建されていた。明治2年2月、下京第四番組（町組）がこれらの土地建物を1000両で購入し、あわせてその裏手に二階建ての教室棟一棟を増築して校舎としたのである（『日彰百年誌』1971年）。

通りに面して校門を開け、その脇には「役場」がある。役場は4畳半の部屋3室が並び、少なからずの人が詰めていたのであろう。校門を入ると中央に元京都教諭所の主屋が立ち、式台付きの玄関が張り出している。子どもたちは建物の右手脇の通路に回り込み、男女に分かれた上

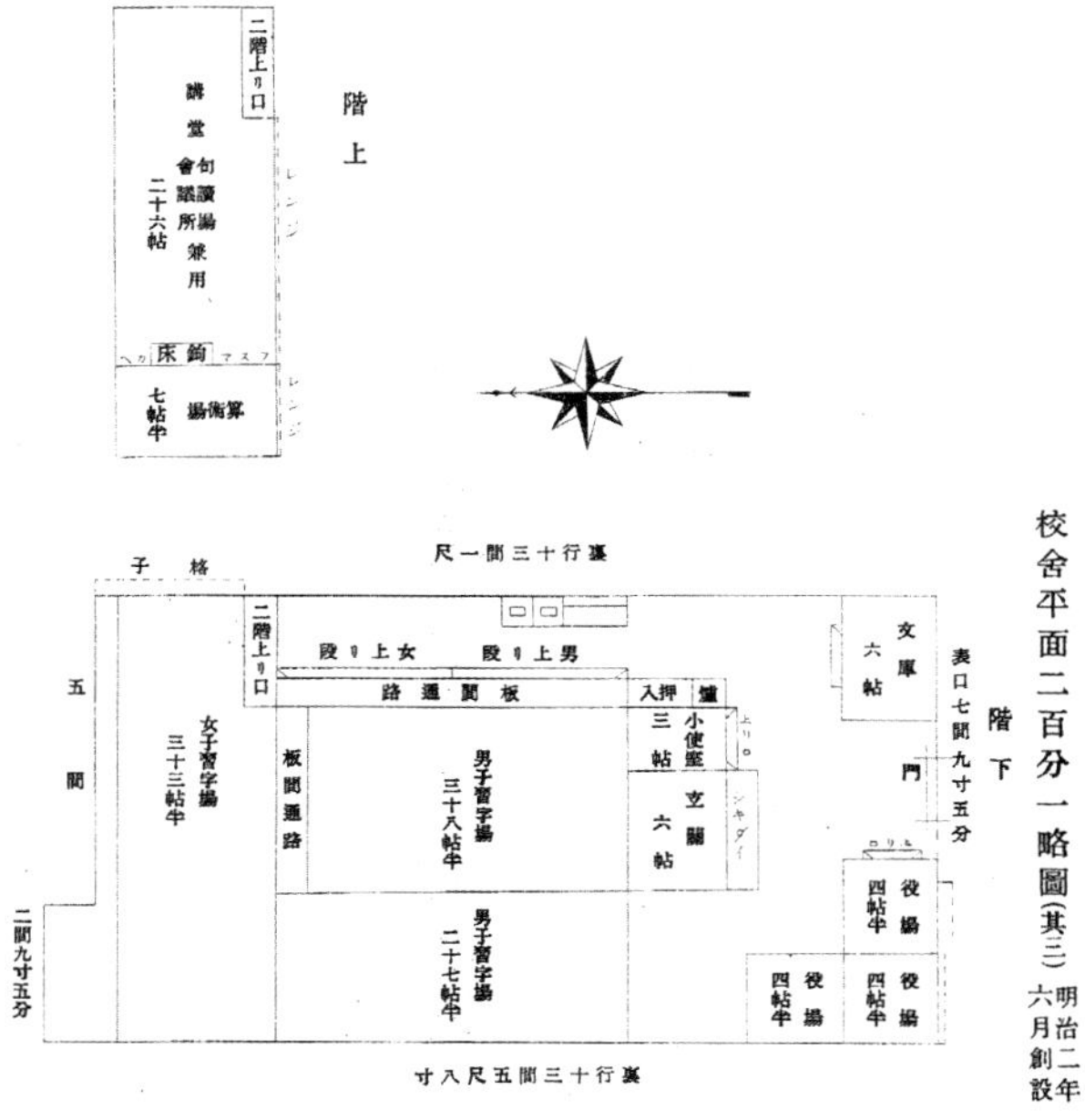

図1：日彰小学校には開校時、京都教諭所の土地と建物が活用された。その校舎間取図（『日彰百年誌』1971年）

り階段から「板間通路」を経て「習字場」（教室）へ通っていた。

元教諭所の座敷は2室の「男子習字場」（2室合わせると66畳にもなる）として使い、裏手の増築棟の一階が「女子習字場」（33畳半）である。習字場の広さの男女差は倍ほどもある。増築棟の二階は講堂である。区の議場あるいは会議所を兼用する広間で、そのために階段は通路から直接上れるように配置されている。

淳風校をはじめとする新築の校舎群と、近世以来の教育施設を活用した日彰校。いずれの校舎にも共通するのは、立派な玄関があり、玄関を校門の正面に据え、役場的な施設を玄関や校門の傍に置くという点である。開校当初の小学校は、役場（町会所）としての機能を併せ持ち、複合施設として始まったということを、間取図はよく示している。

しかも、役場機能を教室棟の前方に置き（淳風・日彰校）、あるいは役場を校門の正面に据え、教室棟はその脇に付属施設のように配置する（龍池校）。このような点に注目すると、小学校とはいっても、実際のところ道路に玄関を向けて威厳を示し、役場としての構えを校舎前面において強調する構成が見て取れる。この点こそ、開校当初の番組校校舎最大の特徴であろう。

実際、当時の学校は、町組の会議をはじめ戸籍の取り調べ、種痘の接種、火防設備の設置、番人の屯所（派出所）、税務（地税、印紙税など官納に関わること）、などさまざまな役割を果たしていた（明治7年「小学校取調書」他）。行政の末端機能を併せ持つ、総合庁舎のような創設期番組校の様相は以前から指摘されてきた（辻ミチ子『町組と小学校』角川書店、１９７７年）。筆者がことさら繰り返す必要はない。しかし、開校当初の校舎プランからそのことが明瞭に読みとれること、それが建築構成の特徴となり、とりわけ玄関を張り出した校舎正面の構えは、役場という役割と威厳を端的に表現している。この点を本書は改めて指摘したい。

　明治初頭、あわただしく産声を上げた京都市中の小学校校舎は、新築であっても敷地の規模や形状により形はさまざまで、独自の型があったわけではない。学舎の形式が定まるのはまだ先のことである。しかし、開校当初の校舎には、今述べたような特徴が共通に存在した。とりわけ玄関を強調した建築構成は、その後の木造校舎に影響を与えることになる。

　明治中頃以降に確立する木造校舎の形式は、実は開校当時の校舎の姿を引き継ぐものである。

6. そびえる望火楼

　太鼓の響きが学区にこだまする。約１００年ぶりのことである。有済《ゆうさい》小学校（下京第二十四番組小学校、東山区若松町）校舎の屋上に据えられた木造二層の太鼓望楼から打ち鳴らされる音は、人々にしばし明治への郷愁をかきたてた［写真１・２］。平成11年（１９９９）10月19日正午。同校創立１３０周年の式典を終え、出席者はみな校庭に出る。屋上の望楼を見上げる中で鳴り響く太鼓の音は式典の締め括りにふさわしく、地域の人々の心に刻み込まれたはずである。

　有済校の太鼓望楼は、かつては木造二階建て講堂の屋根の頂上に設けられていた［写真2］。いわゆる「望火楼」である。講堂は太鼓楼とともに明治9年に建てられた。講堂建築としては、後述する龍池小学校などとともにかなり早い時期の建物である。やがて昭和に入り、11年に鉄

写真1-1：昭和11年築の元有済小学校の鉄筋校舎屋上に移築されている太鼓望楼（国登録有形文化財）（2004/11/15）

写真1-2：元有済小学校の太鼓望楼内部（鉄筋は、屋上へ移設時入れた補強材）（2004/12/4）

写真2：明治9年築の有済小学校講堂にそびえる太鼓望楼（有済小学校旧蔵）

筋コンクリートの教室棟が建てられた以後も、太鼓望楼を載せた講堂だけは残された。

しかし昭和27年、講堂は老朽化によりやむなく取り壊されることとなった。せめて望楼だけでも保存を、と望む学区内有志の声に押され、太鼓望楼は鉄筋校舎の屋上に移設された。おかげで今日も明治初頭の姿をそのままに仰ぎ見ることができる。有済校の太鼓望楼は、市中に残る唯一の望火楼の遺構として貴重なのである（国登録有形文化財）。

「明治二年五月、京都市各組は請許を得て望火楼を小学校に築設し、又防火具等を保管して非常変災に備えたり」（『京都小学五十年誌』１９１８年）。望火楼は、各町組が府に要請し許可を得て設置されたものだという。過密な市中では出火を何よりも恐れ、町組は防火に腐心した。そのために多くの小学校が望火楼を設けた。望火楼は火の見櫓であり、半鐘を吊り火災の非常を告げるとともに、「太鼓楼」という名の通り、太鼓（報鼓）をさげて時刻を学区民に報せた。

明治期の前半に番組校の校舎を写した写真からは、当時の望火楼の様子を知ることができる。有済校のように二階建て講堂の屋根に載せた形は他にも多い。龍池小学校（中京区両替町御池上金吹町、現京都国際マンガミュージアム）は、明治9年に新築された端正な寄棟造の二階建て講堂の頂部に、宝形屋根の望火楼を載せている[写真3]。弥栄《やさか》小学校（下京第三十三番組小学校、東山区祇園町南側、現漢字ミュージアム）は、明治19年建築の講堂の屋根に有済校の太鼓望楼とよく似た二層の望火楼を載せていた。当時の八坂神社から四条通りを望む着色写真には、弥栄校の望火楼が通りを見下ろす様子が良く写し込まれている[写真4]。

写真3：明治9年築の龍池小学校講堂頂部の望火楼
(『京都小学五十年誌』1918年)

写真4：弥栄小学校。明治19年築の講堂にそびえる望火楼
(中川邦昭所蔵、『京都百年パノラマ館』淡交社、1922年)

望火楼を、講堂とは別に校門の脇に建てたものもある。梅屋《うめや》小学校（上京第二十番組小学校、中京区梅屋町、現京あんしんこども館）では、明治6年、華族庭田家の邸宅を購入、新校地として移築するとともに、3年後の同9年に三層の優雅な望火楼を正門の左脇に建てた。二階には梅型の虫籠《むしこ》窓《まど》を並べ、同校の正面を印象深く飾っていた［写真5］。

写真5：梅屋小学校の望火楼（明治9年築、京都市学校歴史博物館所蔵）

五重塔にも似た望火楼を建てたのは日彰小学校（中京区和久屋町、現高倉小学校）である。同校は、明治5年、元松山藩屋敷跡を購入して移転。敷地東南隅に多層の鼓楼を新築した［写真6］。鼓楼は最上層を望火楼とし、次層を鼓楼、最下層を役場とする、高さ6間半（約13メートル）もの木造の高層建築であった（『日彰百年誌』1971年）。

写真6：日彰小学校の鼓楼。最上層が望火楼、次層が鼓楼（明治5年築、京都市学校歴史博物館所蔵）

もっとも大きな望火楼を建てたのは嘉《か》楽《らく》小学校であろう［写真7］。嘉楽門の向かって左脇にそびえ立つ望火楼は、明治15年4月現在と記す「上京区四番小学校畧図」には「望火楼四階建」とある。嘉楽小学校は明治10年、般舟三昧院境内の一角（上京区般舟院前町、現嘉楽中学校）に移転。校地は88坪から一気に９９９坪となり、境内の中心をしめる本殿がそのまま講堂（嘉楽館）に、総門が校門になる。その際、木造平屋３５０坪（教室棟であろう）と木造4階建31坪を新築したとあるから（『京都小学五十年誌』）、子どもたち（当時２００余名）の集合写真の背後に写り込む4層の望火楼は、旧境内地に教室とともにわざわざ新築されたことがわかる。当時の小学校には欠かせない施設であったようである。

写真7：嘉楽小学校の望火楼（『嘉楽尋常小学校五十周年記念誌』1918年）

明治初頭、低層の町家が建ち並ぶ京都市中にあって、あたりを睥睨してそびえ立つ様はさぞかし壮観であっただろう。日彰校の望火楼は、その後明治37年に校舎の全面建て替えに伴い太秦の某所に移築された。戦後30年代まで現存したのだという。この望火楼のシルエットは、京都市学校歴史博物館（元開智小学校、下京区橘町）のシンボルマークとなっている。

市中小学校の外観を飾り、学区のランドマークともなっていた建築が、本来学校とは無関係の消防施設である点にも、当時の複合的な行政施設としての小学校の特質がよく現れている。

しかし、望火楼はその後の校舎の建て

替えに伴い順次撤去されていった。唯一残された有済校の望火楼は、同校の貴重な建築遺産であることに留まらず、近代京都における役場を兼ねた小学校時代を語り継ぐ生きた証として意義深く、価値が高い。

なお、望火楼の様子を伝える写真は、郡部の小学校にも散見される。例えば安祥小学校（南桑田郡篠村、現亀岡市）の望火楼は、校門の脇に建つ単層の櫓の上に、長く伸ばした裾広がりの袴腰を載せ、ひときわ目立っていた［写真8］。

写真8：南桑田群安祥校の望火楼（『写真で見る京都100年』京都新聞社、1984年）

7. 校地を広げろ

小川《おがわ》小学校（上京第十二番組小学校）は明治2年、97坪半の校地（間口6間5寸、奥行15間）から始まる。その広さは隣接する町家宅地とまったく変わらない［図1］。小学校とは思えぬ校地の狭さであるが、同校はこの地に、二階建て（20坪）と平屋建て（16坪）の校舎2棟を新築し、児童約100名で始業する（『當校沿革大要』）。はたして、小川校の校地の狭さは極端な例なのだろうか。

沿革史などに記録を残す47校のなかで、開校時、校地が100坪以下の事例は14校あった。4節で紹介した銅駝小学校（上京第三十一番組小学校）の校地50坪は最も狭く、建坪も30坪であった。皆山《かいざん》小学校（下京第二十番組小学校、60坪）や春日《かすが》小学校（上京第三十番組小学校、66坪）、生祥《せいしょう》小学校（下京第五番組小学校、67坪）などがこれに次ぐ。これらをたとえれば、現在の郊外に立つ

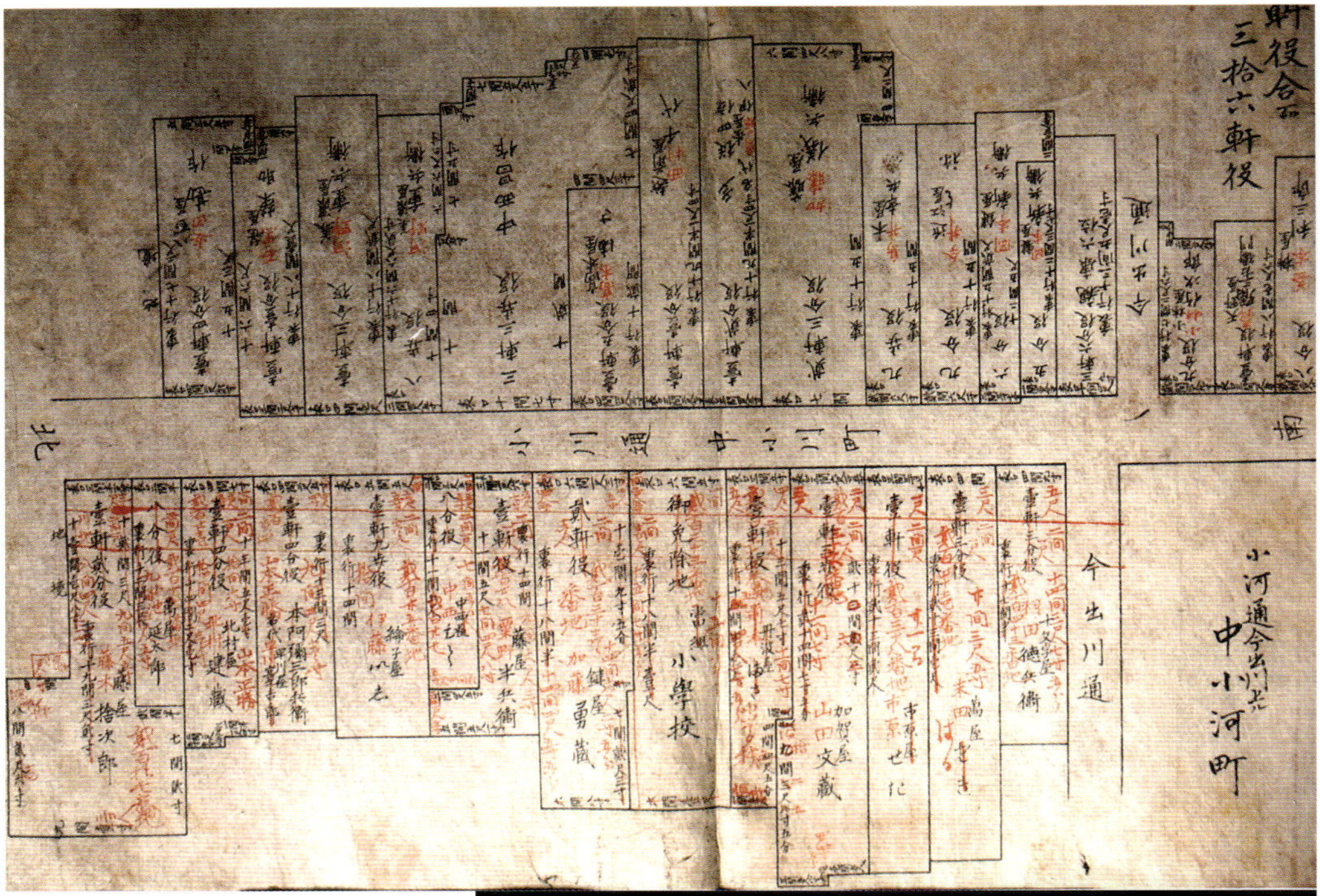

図1：小川小学校、開校時の校地（明治3年7月改「絵図面」、小川小学校旧蔵）

戸建住宅一軒分ほどの広さである。反対に３００坪を超える広い学校も、梅逕小学校の３８５坪をはじめ最も広い桃薗《とうえん》小学校（上京第十一番組小学校）の７５３坪など4校が知られた。しかし、１００坪台の校地が最多であった（平均約１６３坪）。

京都番組小学校の校舎は、多くが府のモデルプランの趣旨に沿うべく建物を新調して開校された。その意味で番組校の校舎群は近代建築の先駆けとなるものであった。しかし、開校当初の校地はみな狭く、広さの点では江戸時代の寺子屋とさほど変わらない。ゆえに、ほどなくして生徒の増加に見合う広い校地の確保が焦眉の課題となる。過密な京都の市中に立地し、多数の児童を抱える番組校にあっては極めて切実な問題となった。

腰を据えて学校づくりに取り組みたい、そのためには十分な校地がほしい。明治前期は番組校あげて校地の拡張期であった。どの学校も、例外なく隣地を少しずつ買い取る地道な努力が続けられた［図2］。

明倫小学校（現京都芸術センター）の昭和14年刊行の沿革史『明倫誌』には、同校

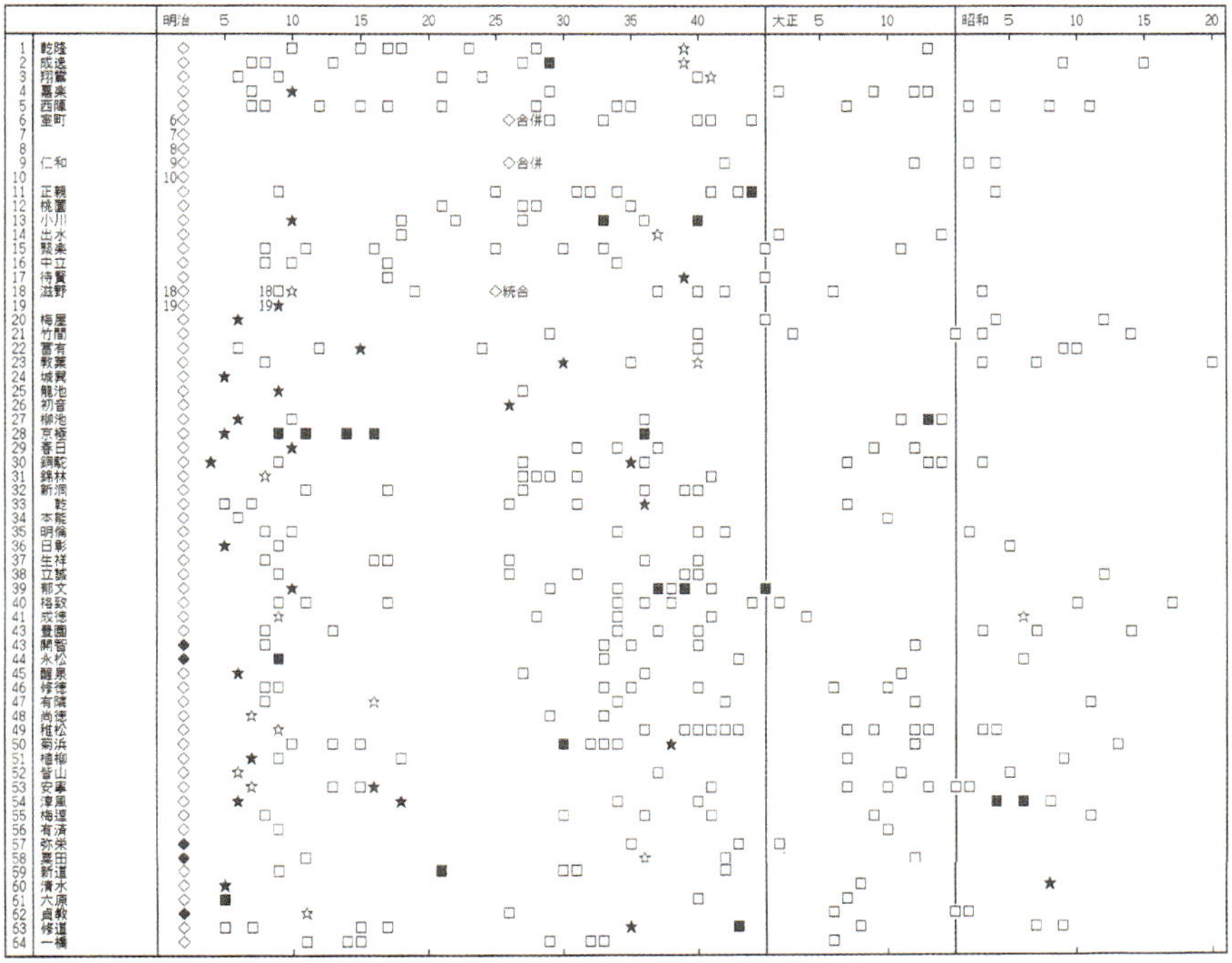

図2：番組小学校の校地、主要な拡張と移転時期年表

校地の拡張過程が一枚の図にまとめられている［図3］。江戸時代から続く旧明倫舎の建物を活用した明倫校の校舎は錦小路通りに沿う占出山町の一角をしめ、正門は錦小路通りに開いていた。この図には、「明治二年借地　占出山町250・15坪　後占出山町寄附103円」とある。明倫校は250坪余りの校地でスタートしたのである。今も開校当初の旧校門が残されていることは前述した通りである（3節写真1）。

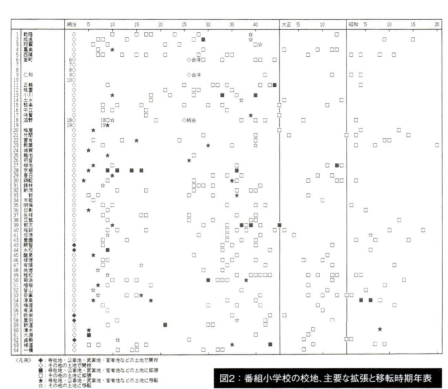

その後、明治8年5年、山伏山町の土地492・94坪を700円で購入して校地を拡張し、室町通りに今日まで続く正門を開き、現在の東西に細長い校地の基本形状ができあがる。その後も、明治10年（占出山町）、同34年（手洗水町）、40年（山伏町）と校地周囲の土地をわずかずつ購入し、さらに昭和2年、校地に接する宅地4箇所、計250・53坪を一度に購入（105・265円）、今日の形状が完成する。

現在の西陣中央小学校（上京区観世町）は、桃薗校の跡地を引き継いだ、西陣地区の旧番組校4校による統合校である

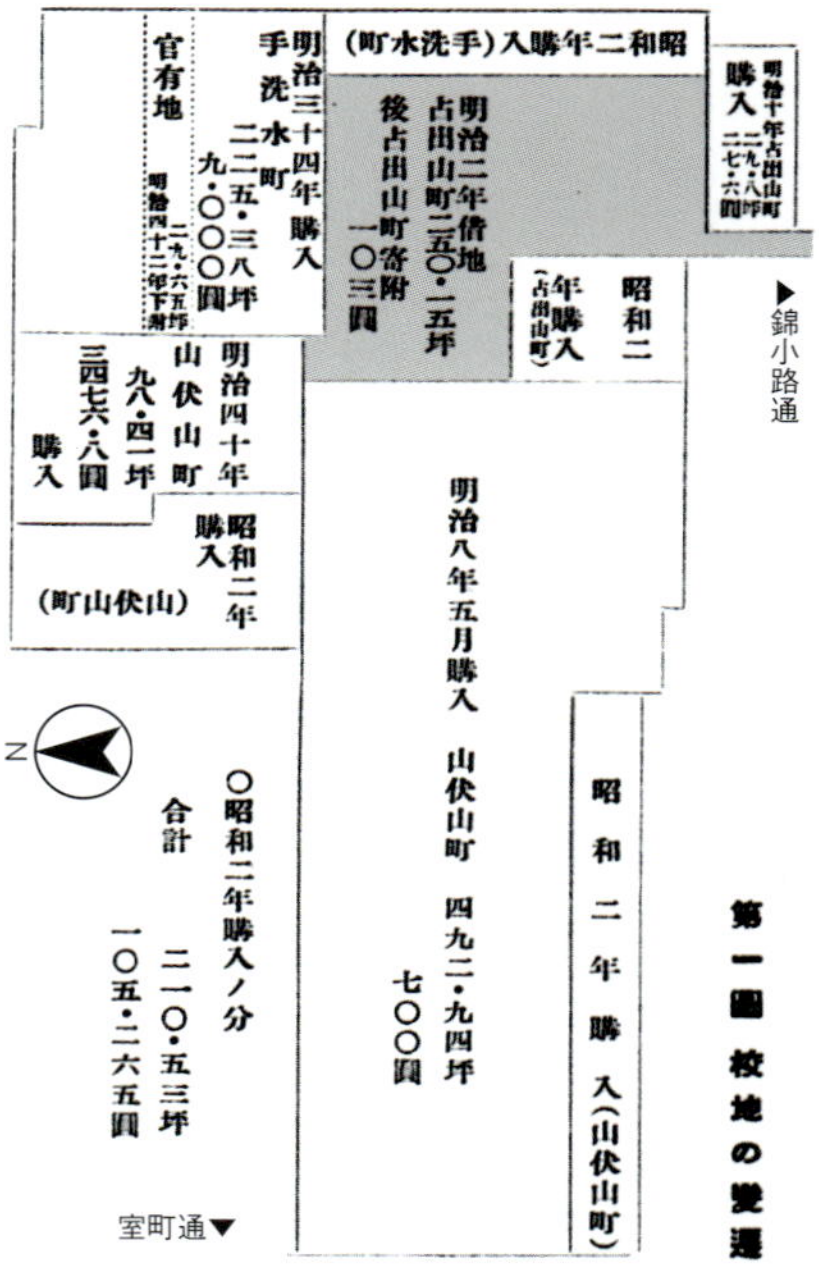

図3：明倫小学校校地の変遷（『明倫誌』353頁、1939年）

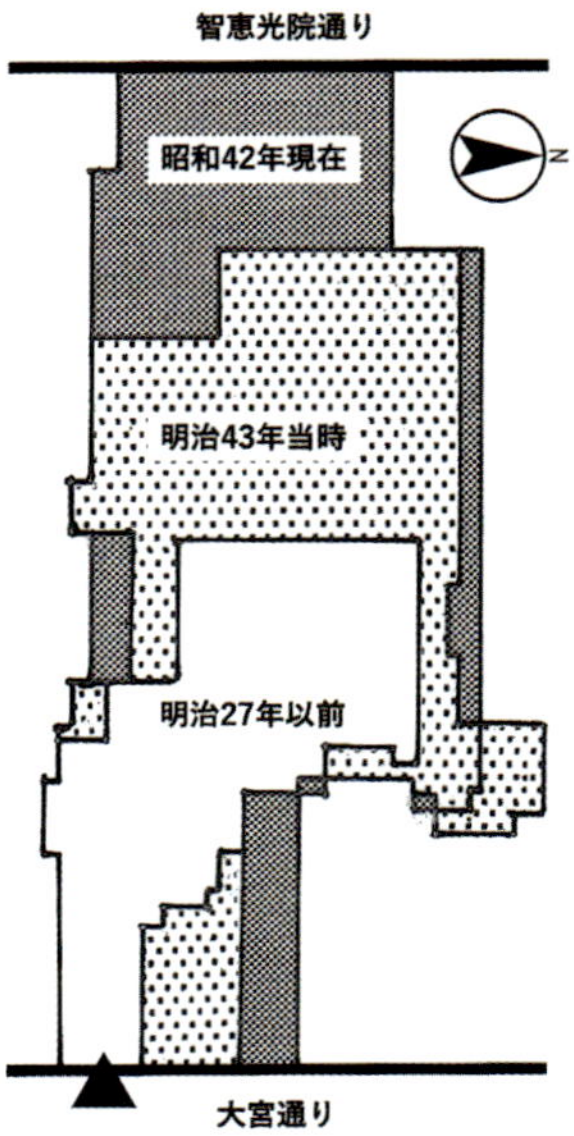

図4：桃薗小学校校地の変遷（『桃薗校百年史』1969年）

（1997年開校）。

桃薗校は明治2年7月8日、番組小学校としては最大規模の校地753坪を、京都府からの補助を受けず区内の有志金のみを以って獲得し（府からその志が賞された）、校舎を建築して開校した。校地の余裕からか、しばらくの間は当初の校地に留まるも、明治20年代以降、学区は校地の拡張に心血を注ぐことになる。『桃薗校百年史』（1969年）がその経緯を仔細に記録するのも、学区にとって校地拡大が一大事業であったからであろう［図4］。明治21年の141坪を皮切りに、同27年、28年、35年（3回）、42年（3回）、43年と、明治の間に延べ10回、拡張を繰り返した。42年は、買収と寄贈による3回の隣地獲得に加えて、土地購入資金確保のためでもあろう、一部校地の売却を3回行っている。

大正に入っても3期の拡張を果たし、さらに昭和7年（3回）、同8年と校地拡大は続いた。昭和8年の取り組みは、同校の木造から鉄筋校舎への改築時期と重なるが、観世町の校地6・5坪と桜井町の隣地19・5坪を交換するという高度な土地交渉を成功させている。戦後もなお、昭和26年、597坪という当校最大規模の拡張事業により運動場を西へと広げ、ついに桃薗校の敷地は、大宮通りから発して西側の智恵光院通りにまで達する。

『桃薗校百年史』が刊行された昭和44年（１９６９）は、明治２年（１８６９）から文字通り１００年目にあたる。百年史が記載する44年４月時点の校地２５６３坪は、初代校地の約３・５倍となっていた。西陣地区の稠密な市街地における学区民の１００年、世代を超えた学校づくりの歴史は、西陣中央小学校における現在とこれからの教育の基盤になっている。

桃薗校の校地拡張は、先に述べた通り校門を開く大宮通りから西の智恵光院通りにまで伸びたが、大宮通に面した間口は北側にやや広がった程度である。大宮通りに面して立ち並ぶ家屋の立退きの困難さを考えると、間口幅の拡張が容易でないことは想像にかたくない。結果として、町家にも似た、間口が限られ奥に長く伸びる校地の形ができあがったが、この点は先に示した明倫小学校も同様であるし、他の多くの番組小学校にも当てはまる。番組校校地のこの特徴は、そこに立つ木造校舎の形式にも影響を及ぼしているが、校舎についてはもう少しあとで触れることになる。

明倫校も桃薗校も、ともに開校当時の校地を幾度かの拡張を経つつ戦後まで保持し続けた事例である。両校のように明治2年時の校地に留まった番組校は多くはなく、64校のうち４割に満たない（37・５％）。校地を拡張したくても、高密な市街地では多くの制約があったからである。

学区にとって初めて小学校を開いた記念すべき校庭も、校地拡大ができなければ移転を検討するより他はない。冒頭に取り上げた小川校も隣地への拡幅は困難と見て、明治９年、学区内の久世邸屋敷の一部７７５坪余を買収。同地に立つ約１９０坪の邸宅を改造増築し、翌年１月に移転する。

番組校60校の内で校地を移転した事例を数えると、昭和戦前までの間に36校にのぼり、番組校の過半に及ぶ。移転の延べ回数は42回にもなる。しかも、明治5年までに早々に移転した例が5校あり、これを含めて開校から明治12年までの間に24校が校地を移していた。移転を経験した番組校の３分の２が、開校後10年以内に動いたことになる。

二度移転した学校も6校を数える。50坪という最も小さな校地で開校した銅駝校は、二年後に隣地50坪余りを借り入れて増築する。が、それでも足りなくなり、明治9年学区内の別所に５６０余坪を買収、校舎を建てて12年に移転する。しかし、銅駝校の現校地（現在の銅駝高等学校）は、同36年に至り再度移転した結果である（『銅駝尋常小学校沿革史』１９３４年）。

ちなみに郡中小学校はどうであろう。明治7年までに設立された39学校についてみると、開校時の校地は番組校よりは総じて広い。しかし、その後移転した学校が24校、延べ33回にものぼり、少ない回数ではない。郡中校の多くは、寺院や神社境内の建物を仮校舎として開校した。郡中校の校舎整備は、まず専用の校地探しから始まったのである。

それでは、移転先はどのような土地が選ばれたのか。とりわけ番組小学校の移転動向には、京都特有の事情が見えてくる。

8. 校地の移転先

京極《きょうごく》小学校は上京第二十八・二十九番組との共立校であるが、当初の校地は80坪と狭かった（建坪50坪、上京区寺町今出川上ル元立本寺町）。明治2年12月22日に開校式、同3年正月13日に授業が開始された。児童は百余名であった。しかし、生徒数は翌年にはおよそ２００名に増加。校舎はたちまち手狭となり、移転が検討された。

選ばれたのは勧修寺宮の御里坊、すなわち公家の旧地２９０坪であった（上京区寺町通り今出川下ル西石薬師東町）。早速この地を購入し、明治5年、建坪１４０坪の校舎を移転と新築により整備したと、大正7年（１９１８）京都市編纂の『京都小学五十年誌』にはある。その後も隣接する元公家地を順次得て、同校の校地は着実に拡張されていった。

番組小学校の移転は明治前期に集中す

るが、注目したいのは移転先である。京極校は東京遷都により空いた公家の邸宅跡地を購入して移転した。前節の冒頭で述べた小川小学校も同様であった。

尚徳《しょうとく》小学校（下京第十六番組小学校）の場合は、明治7年、旧綾部藩邸の土地（下京区蛭子町）とその邸宅を購入して移転する。さらに尼門跡寺院として知られる光照院（通称「常磐御所」、上京区安楽小路町）の殿舎と京都御苑内にあった華族橋本家の建物を買収、この藩邸跡地に移築している（『尚徳校沿革史』第壱、尚徳中学校所蔵）。寛政元年（1789）の再建と伝わる常磐御所は尚徳校の「講堂」となった。橋本家の殿舎は講堂の前面に置かれ、「玄関」や「会議室」「講堂に至る通路」などとして使われた（明治7年の校舎配置図『尚徳校沿革史』）。通路部分は、さらにその後「区戸長詰所」や「応接所」などにされ、役場的な機能を担ったことがわかる（図1、『尚徳校沿革史』第壱、尚徳中学校所蔵）。

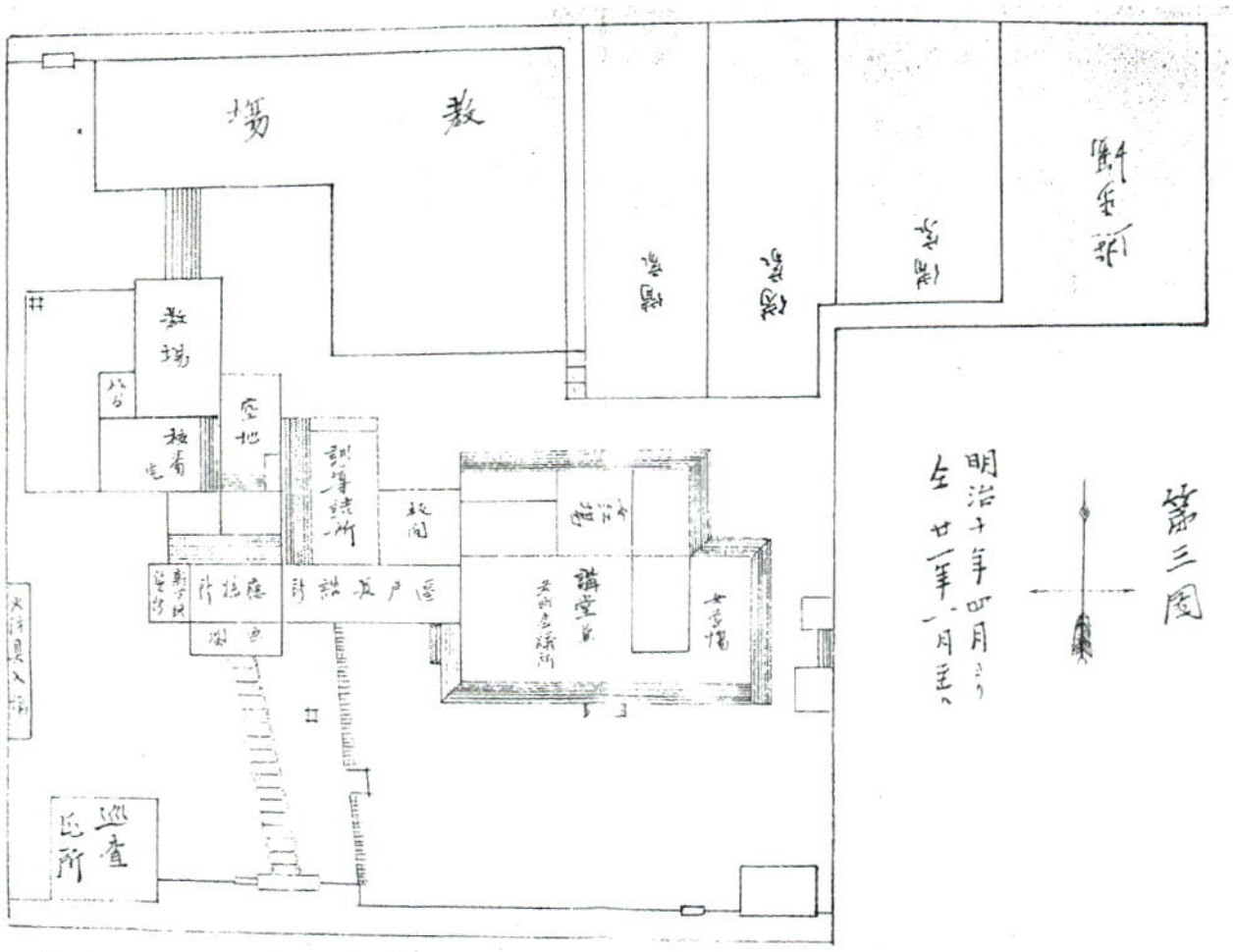

図1：尚徳小学校明治10年校舎配置図（『尚徳校沿革史』）

余談であるが、『京都小学五十年誌』によると、移転翌年の明治8年10月「座机を廃して卓子腰掛に改め、塗板を用いたり」とあり、尚徳校ではこの年に寺子屋風の座式をやめて椅子式を導入し、黒板も使用され始めたようである。小学教育の近代化の一面が窺われて興味深い。

『京都小学五十年誌』にはさらに、翌9年12月13日には時の右大臣岩倉具視の来校視察を受けた、とある。「この日の教員及び生徒は、下京区各小学校より数名を選抜招集した」メンバーであった。

しかも、岩倉の視察は「御臨幸の下検分」であって、「而して明治十年六月二十八日、畏くも明治大帝陛下当校へ御臨幸親しく教育の実際を天覧あらせ給ふ」と続け、知事槇村正直らの先導により明治天皇が尚徳校に行幸、常磐御所の殿舎を使った講堂の「玉座」に御臨席の後、各教室を臨御されたと、詳しく記録している。この日もまた「天恩に浴せし者、独り本校の職員生徒のみにあらず、下京各小学校より、生徒は3人づつ、教員もまた選抜せられたる者」であったといい、下京を代表した天皇臨幸であったことが強調されている。

なお、天皇は同日上京区の初音《はつね》小学校（上京第二十六番組小学校）にも行幸して授業を天覧、それに先立つ同年5月には下京の修徳小学校にも臨幸されている。折しも西南戦争の最中である。戦局好転の兆しにより天皇の行幸が叶ったという（『京都の歴史8』学芸書林、1975年）。

当時の尚徳校校舎の様子は「明治21年2月より現今に至る」と書かれた配置図から窺える（図2、『尚徳校沿革史』）。光照院から移築された元「常磐御所」は、「玉座」を据えるにふさわしい立派な殿舎であったに違いない。しかし、この建物は岩倉や天皇を迎える迎賓館として移築されたわけでは無論ない。重要なのは、貴顕を迎えるにも足る格式を備えた御殿建築を当時の小学校は希求していた、という事実である。

この点はここでの肝なので後に詳述することとして、付言しておきたい点がい

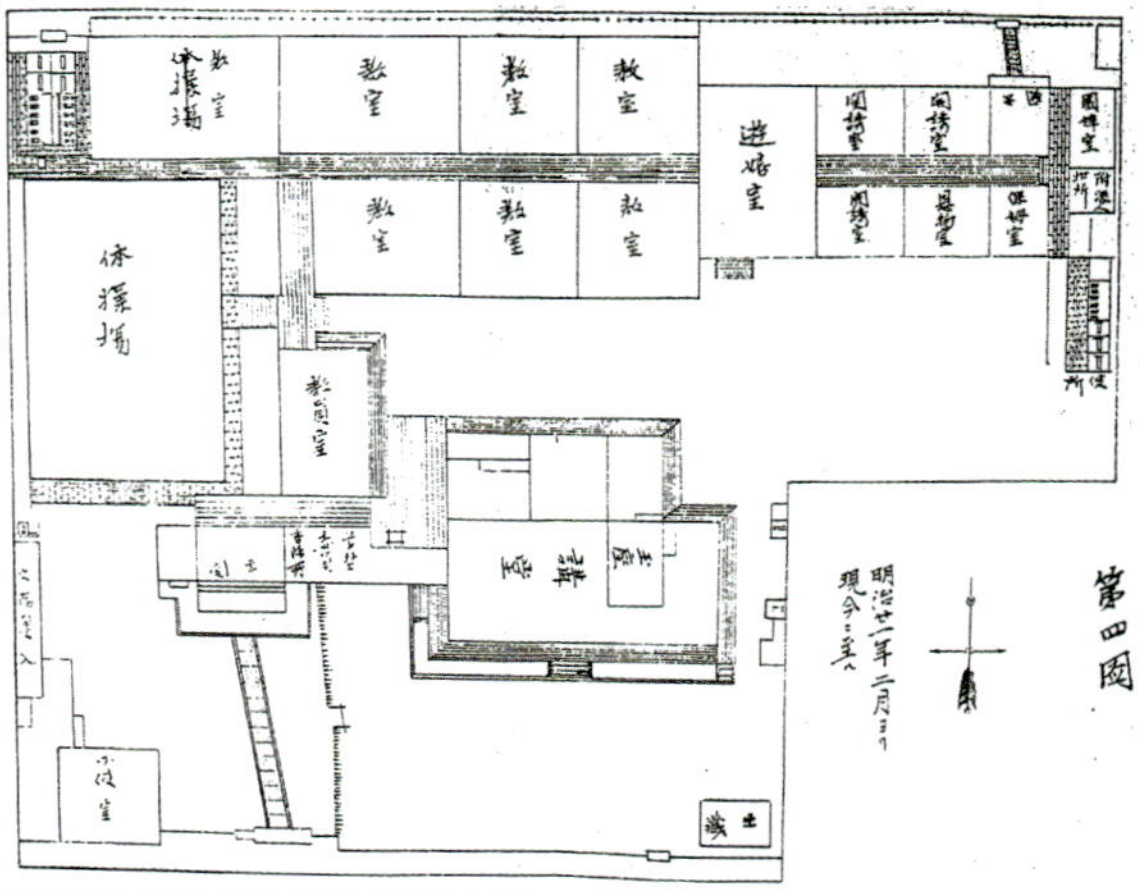

図2：尚徳小学校明治21年校舎配置図（『尚徳校沿革史』）

くつかある。明治21年の校舎配置図（図2）では、玄関の脇は「学務委員事務所」とある。かつては役場として使われていた場所であるが、この時期、役場的な機構は失われていた。

明治13年3月、京都府は区長の自治行政と学校とを分離した上で、学区の教育行政の全般を司る管理機関として「学務委員」を設置し、その後、各小学校には学務委員が常駐することとなる（「京都府庁文書」明治13年）。以後の校舎平面図には、玄関付近に「学務委員室」なる部屋を必ず見いだすことができる。

明治21年の図からは、明治7年移築の両殿舎の背後に、体操場と中廊下式の教室棟が建ち、さらにその東側には幼稚園が併設され、「遊嬉室」（遊戯室）と中廊下の両側に「開誘室」（保育室）、「恩物室」（遊具室）、「保姆室」（保母室）などが並んでいることもわかる。これらの棟は、明治21年、千百余円を投じて新築された校舎である。しかし、尚徳校の正面を飾るのは、それ以後も由緒ある御殿建築であった点は注意しておきたい。

この講堂（元「常磐御所」）はその後、明治37年に三井家（新町三井家、「三井両替店旧跡」の碑が立っている）によって買い取られた。三井家では「御殿」と呼ばれていたそうであるが、戦後、昭和31年新町三井家の本館や居間などと共に八坂神社に移され、講堂は「常磐殿」となった。平成8年、神社の「常磐新殿」と「社務所」の新築に伴い、常磐殿のみを残して他の建物は解体された。常磐殿は、現在雅やかな祝宴会場として利用されている［写真1〜3］。館内では、この建物は天皇の行幸を仰いだ元尚徳校講堂であると記した由緒書を見ることができる。

橋本家ゆかりの玄関とその他の棟も、講堂からやや遅れて大正2年、嵐山の虚空蔵法輪寺に移設された。同寺の玄関ならびに書院として、その旧姿は現在も健在である［写真4］。

日彰小学校の場合も、明治5年、元松山藩邸の地所（現在の高倉小学校、中京区高倉通六角下和久屋町）を購入して移転。同時に、「西川端荒神口下」の山階宮別邸の建物172坪（前掲『京都小学五十年誌』）を

写真1：八坂神社、常磐殿外観。光照院（通称、常磐御所）から明治7年尚徳校に移築されて講堂となり、同37年に三井家に移され、戦後さらに同神社に移築された（2005/2/14）

写真3：八坂神社、常磐殿広縁（2004/11/19）

写真2：八坂神社、常磐殿広間（2004/11/19）

写真4：嵐山虚空蔵法輪寺の玄関。橋本家の建物が明治7年に尚徳校に移築され、さらに大正2年に当寺に移築された（2005/2/8）

得て新校地へ移築し校舎に転用された（『日彰百年誌』1971年）。「西川端荒神口下」の地とは、現在の京都地方法務局が立つ場所である（上京区生洲町）。この時、校名が松山藩と山階宮という由緒から「階松小学校」と変えられた。その後、明治9年に日彰小学校と定まる。

元山階邸の建物は、しかし「殿舎式建造物はもとより校舎たるに敵せず」（『京都小学五十年誌』）として、明治27年より学区は校舎改築に向けて準備を始め、同37年校舎の全面建替を果たす。殿舎は前年の起工式に相前後して寺町通りの空也寺に移築された。同寺の本堂として戦後も長く現存していた。

尚徳、日彰両校は藩邸跡地への移転例である。その際、公家の旧殿舎などを新校地へ移築し校舎とする状況も知られた。移転先の校地や移築元の建物の由緒が大いに重視されたことは、校名がそれに因むことからもわかる。藩邸の遺構や公家の邸宅が学び舎として好んで用いられた。学校建築としての定型がない時代、校舎には由緒と権威が必要とされたようである。

さらに、校地の移転先には寺地もあった。明治4年と8年の2回にわたって実施された「上地令」により、京都府は多数の寺院の旧領地を収公した。旧境内地はその後さまざまに払い下げられた。その一角が小学校の校地へと転用された（『京都の歴史7』学芸書林、1974年）。

淳風小学校は、当初75坪ほどの敷地から、明治6年西本願寺の所有地500坪（下京区大宮二丁目）を借入して移転。さらに同18年、下京区堀之上町の本圀寺旧境内地（960坪、現在地の一部）へと再度移転した（『京都坊目誌四』新修京都叢書第20巻、臨川書店、1970年）。

その後も同地で周囲に拡張を繰り返すが、難題を抱えていた。校地の南側中央部に食い込む墓地の存在である。学区は幾度となく買収を試みるが不調に終わる。昭和3年、ようやく譲渡契約の交換に漕ぎつけるが、実際に墓地が移転するにはさらに6年を要した（『淳風校百年史』1969年）。

校舎の整備は校地の確保が前提である。校地に転用できる広い敷地として、旧公家地や藩邸跡地が選ばれた点は京都特有の事情として注目される。旧寺領地の校地への払い下げも、宗教都市京都の近代を特色づけていよう。しかし元境内地ゆえの困難もあった。

明治前期、公家や門跡寺院の殿舎を購入し、小学校校舎として積極的に活用した時代は、京都らしい学び舎の歴史の一幕である。しかし、この事実は小学校建築史を彩るだけに留まらないと、筆者は感じている。近世以来の御殿建築の威容は、前にも指摘したが、借り物を脱した明治中期以降の木造校舎建築の構成に、有形無形に影響を与えたのである。この点は後に委ねたい。

公家や門跡ゆかりの旧校舎の一部が、その由緒ゆえ、用と所を替えつつ今日もなお生き続けている。この事実も重要である。学び舎の建築史は校庭を越え、京都の町と響きあう。校地と校舎の移転の歴史からは、京都の市井における近代史の一端が垣間見える。

写真1：嘉楽館全景（嘉楽小学校の講堂）。旧般舟院の方丈（田中泰彦編『京都慕情』京を語る会、1974年）

9. 鎌倉へ校舎が嫁いだ理由

嘉楽小学校の講堂、通称「嘉楽館」［写真1］は、「嘉楽門」（校門、写真2）とともに解体され、遠く鎌倉の建長寺へと運ばれた。昭和15年（1940）のことである。3年前の昭和12年、嘉楽館と嘉楽門は、校舎の鉄筋コンクリート造への建て替えに伴い売りに出された（『京都慕情』1974年）。上京区御前西裏にある選仏寺の梶浦逸外住職はこれを知り、嘉楽館を自寺の本堂にしたいと購入を考えた。梶浦逸外とは、大正末年から選仏寺第7代の住職を務め、戦後は妙心寺派専門道場である岐阜県正眼寺の師家（住職）を経て妙心寺派管長などを歴任し、さらに禅の海外への普及や、巨人軍川上哲治元監督などの禅の師匠としても知られる臨済宗の高僧である。精進料理に関する本を含め著書も多数残している。

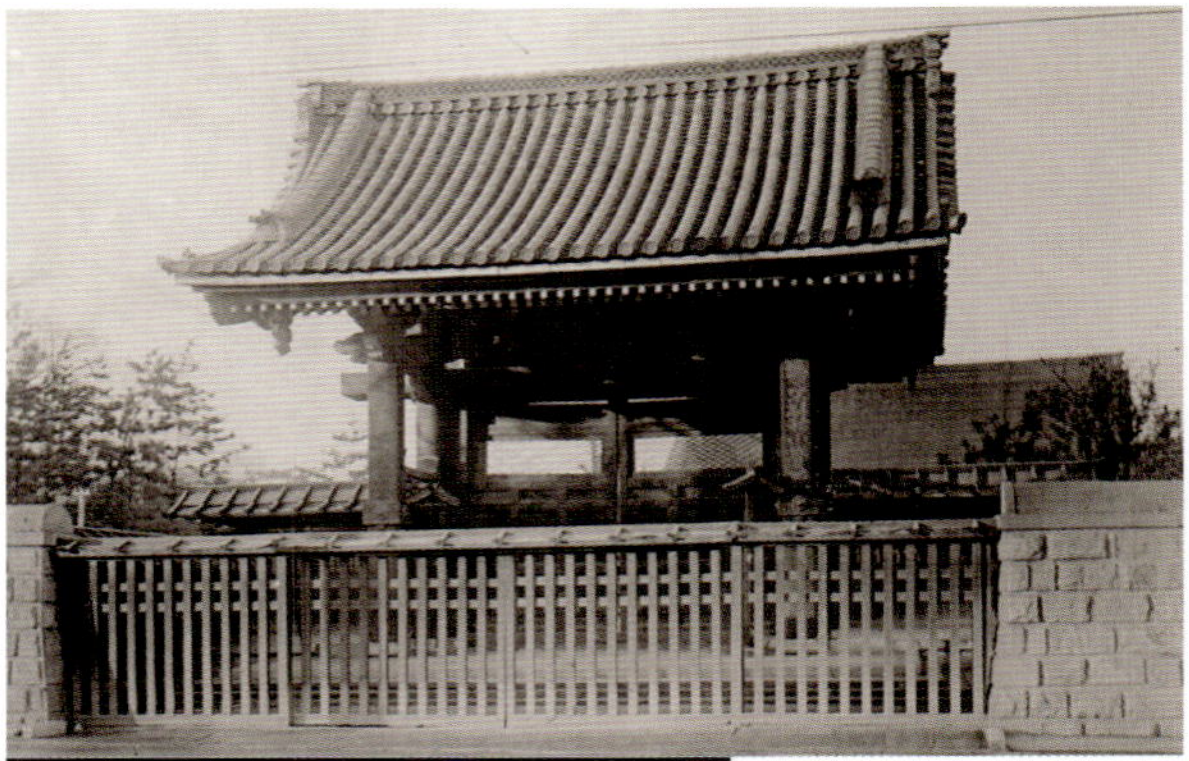

写真2：嘉楽門。旧般舟院の総門（田中泰彦編『京都慕情』京を語る会、1974年）

結局のところ、嘉楽館は選仏寺には大き過ぎて断念したのだが、本山である鎌倉建長寺の復興にこれを資することを思い立つ。選仏寺は、建長寺派の京都唯一の寺院であった。嘉楽館と嘉楽門は、梶浦住職の信者小浦喜多次なる人物によって高額で買い取られ、建長寺へ寄進された。以上は、選仏寺第9代住職の故高津明恭和尚から生前にお聞きした話である。梶浦逸外は高津老師の師匠に当たる。建長寺には寄付者である小浦喜多次の位牌が祀られている（小浦は大阪在住の織物機械製造業者で、上海にて小浦洋行を興したという）。

臨済宗建長寺派大本山である建長寺は、日本で最初の禅宗専門道場として開かれ、鎌倉五山の第一位として栄えた。しかし、関東大震災で大きな被害を受けていた。伽藍復興の一環として嘉楽館とその門を京都から運び、方丈「龍王殿」［写真3・4］と総門［写真5］として再建したのである。

もともと嘉楽館と校門は、般舟三昧院の旧本殿と総門であった。般舟三昧院は、伏見において文明11年（1479）、後土御門天皇の勅願により、浄土宗西山派二尊院の長老善空を開山に請じて創立された皇室の菩提所寺院である。文禄4年（1595）、上京区般舟院前町の現地に寺地を写した（川上貢「般舟三昧院について」『日本建築学会論文報告集』第66号、1960年）。その伽藍は、享保15年（1730）の西陣大火で類焼したが、2年後に再建された。この諸建築が明治までそのまま残されていたのである。

写真4：鎌倉建長寺の方丈近景（2006/9/12）

写真3：鎌倉建長寺の方丈全景。嘉楽小学校の講堂（通称嘉楽館）が移築されたもの（2006/9/12）

写真5：建長寺総門。旧嘉楽小学校校門（旧般舟院総門）（2006/9/12）

明治10年、嘉楽校は般舟三昧院境内の一角（現嘉楽中学校の敷地）に移転。その際、本殿が講堂（嘉楽館）となり、護摩堂など他の諸堂も校舎へと転用され、総門はそのまま校門となった。嘉楽館は檜皮葺き入母屋屋根の堂々たる大建築で、嘉楽小学校の象徴的存在として、門と共に60年以上校地の中心を占め続けた。

嘉楽館と嘉楽門は、中世に遡る皇室ゆかりの由緒と格式を持つ近世建築である。これに小学校の学び舎という近代史が加

写真6：明治5年に移転された旧安井御殿の全景。安井小学校の講堂として明治41年に新館が改築されるまで使われた（京都市学校歴史博物館所蔵）

わり、さらに昭和戦前期鎌倉に運ばれ、今も建長寺大伽藍の一角をなしている。

日本の木造建築は、その長い歴史の中で「移築」は珍しいことではない。しかし、京都から遠く鎌倉へと運ばれた建長寺方丈（龍王殿）と総門は、おそらくは最長級の移築事例であろう。京都番組校の旧校舎が、鎌倉の地で変わらぬ雄姿を今も留めている。両建築には、京都の歴史と関東大震災の復興の歴史が折り重なっているのである。

校舎建築の移築事例をもう一つご紹介したい。右京区御室の仁和寺にある黒書院の建物は、門跡の謁見所として明治41年に安井《やすい》小学校（下京第二十七番組小学校、現安井神社、東山区下弁天町）から移築されたものである（安井校は清水小学校の前身）。仁和寺の旧黒書院は明治20年に焼失後、再建されないままであった。

安井校は、生徒数の増加により、開校後3年目の明治5年、学区内の毘沙門町元蓮華光院（安井門跡）へと移転（「清水小学校所蔵文書」）。同地に建っていた殿舎、通称「安井御殿」を校舎として活用した

（『京都坊目誌五』）。入母屋屋根の豪壮な大建築は校門の正面を飾るように建っていた［写真6］。正面に張り出した玄関は、校舎に転用された際に増設されたとみられるが、これにより安井御殿の外観はいっそう格調を高めたように見える。

旧安井御殿の由緒とその存在感は、学校名に冠したほどであるから、学区にとっても学校にとっても大きなものがあったのだろう。

既存建築を転用した番組校校舎の歴史からは、移築と転用建築の多彩な物語が読みとれる。一時しのぎの仮設校舎といったものとは対照的である。立派で堂々とした建物が選ばれているからである。学区の新たなシンボルにふさわしい校舎を渇望する学区民の熱意は、寺院建築や公家住宅など旧跡の由緒を引き継ぐ形で具現化された。

校舎としての役目を終えた後も再び移築されて名だたる大寺院の伽藍をしめ、今日もその雄姿を留めている。学区民の目の確かさと、選ばれし諸建築の価値を裏打ちする事実である。番組小学校は、近世以来の歴史や権威を校舎に借りつつ、着実にその地歩を占めていった。

COLUMN

ピアノ

旧明倫校の講堂にあるチェコペトロフ社製グランドピアノ（１９１０年製、2015/12/7）

明倫小学校が閉校したのは１９９３年。１９９８年に同校の唱歌教室を調査した。京都芸術センターがオープンしたのは２０００年なので、教室には小学校当時の造作がそのまま残されていた。大きく弧を描くようにＬ字型に縁取られた演壇にはピアノが載っている。アメリカのスタインウェイ社製である。大正７年（１９１８）、同校の創立50周年を記念して、学区から２台のピアノが寄贈された。そのうちの１台である。

芸術センターのスタッフが調べたところ、スタインウェイのピアノは製造番号から１９２０年代のものだとわかった。とすると、50周年を祝った１９１８年よりも少し後に届いたものということになる。50年の式典では目録のみが披露されたということか。

もう１台は講堂にあり、今もコンサートなどで使用されている。チェコのペトロフ社製で、スタインウェイのものより一回り大きなグランドピアノである。製造番号から１９１０年製だと判明したらしい。明倫校の鉄筋コンクリート校舎は昭和６年（１９３１）築である。２台のピアノは木造校舎の時代に海を渡って来たもので、現在の旧校舎よりも長い歴史を刻んでいる。

II

木造校舎の時代

写真1：龍池小学校の講堂。明治9年に建てられた最初期の講堂建築（京都市学校歴史博物館所蔵）

1. 講堂はシンボル

龍池小学校は、旧京都銀座の跡地（中京区両替町御池上金吹町、現京都国際マンガミュージアム）と官邸を得て明治9年に移転。今日に続く旧校地の端緒となる。移転に際し、総額1万円を投入して、旧官舎を修理し教場に充てるとともに、講堂を新たに建てた（『龍池百周年記念誌』1969年）。

この時に新築された講堂は注目に値する［写真1］。龍池校の講堂は、校門の正面、新校地の中央に独立して建てられている。木造の総二階建てで、大屋根の軒先中央には重厚な軒唐破風を飾り、二階には手摺りを回し、一階中央に玄関を設け、車寄せ（玄関庇）を張り出させている。外観はかなり凝っている。アーチ形の二階の窓、大きな半円形の弧を描く玄関庇など、洋風意匠が目を引く。屋根の頂に載る望火楼も目立っている。龍池校の講堂は、全国的に見ても同時期の学校建築の中で傑出した存在であったといってよい。

講堂建築にこのような優雅で堂々とした容姿を与えたのは、学区のシンボルとしての役割を託したからであろう。I部1節でとりあげた柳池校の講堂（明治11年築）は、洋風に徹することでその象徴性がよりいっそう強調されている。

龍池校や柳池校の講堂が建てられた頃の小学校は役場的な機能を兼ね、講堂は学区民の集会や諸行事の場としても広く使用されていた。学区の中心的施設として講堂は重視されたのである。しかし、明治10年代になると小学校は教育以外の使用が禁じられ、学校としての役割に特化されてゆく。同14年12月文部省は全国の小学校に「学校施設の各種集会への使用を禁ず」と示達。自由民権運動の取締という背景があったという（『京都市政史』上巻、384頁、1941年）。それに伴い、講堂の一階には学務委員室や校長室、会議室、職員室などの管理機能が集約的に配置されるようになる。

学務委員とは、前にも触れたが、学区の教育行政全般を司る管理機関として明治13年に設置されたもので、市制施行後も長く存続した。明治後期になると、講堂の管理棟としての機能に即して講堂を本館と呼ぶ学校も現れてくる。

龍池校の講堂も、明治27年の改築により、一階は中央の応接室を挟み左右に学務委員室と職員室が設けられている［図1］。さらに、教育勅語の発布（明治23年）以後、講堂二階に設けられた広間の正面

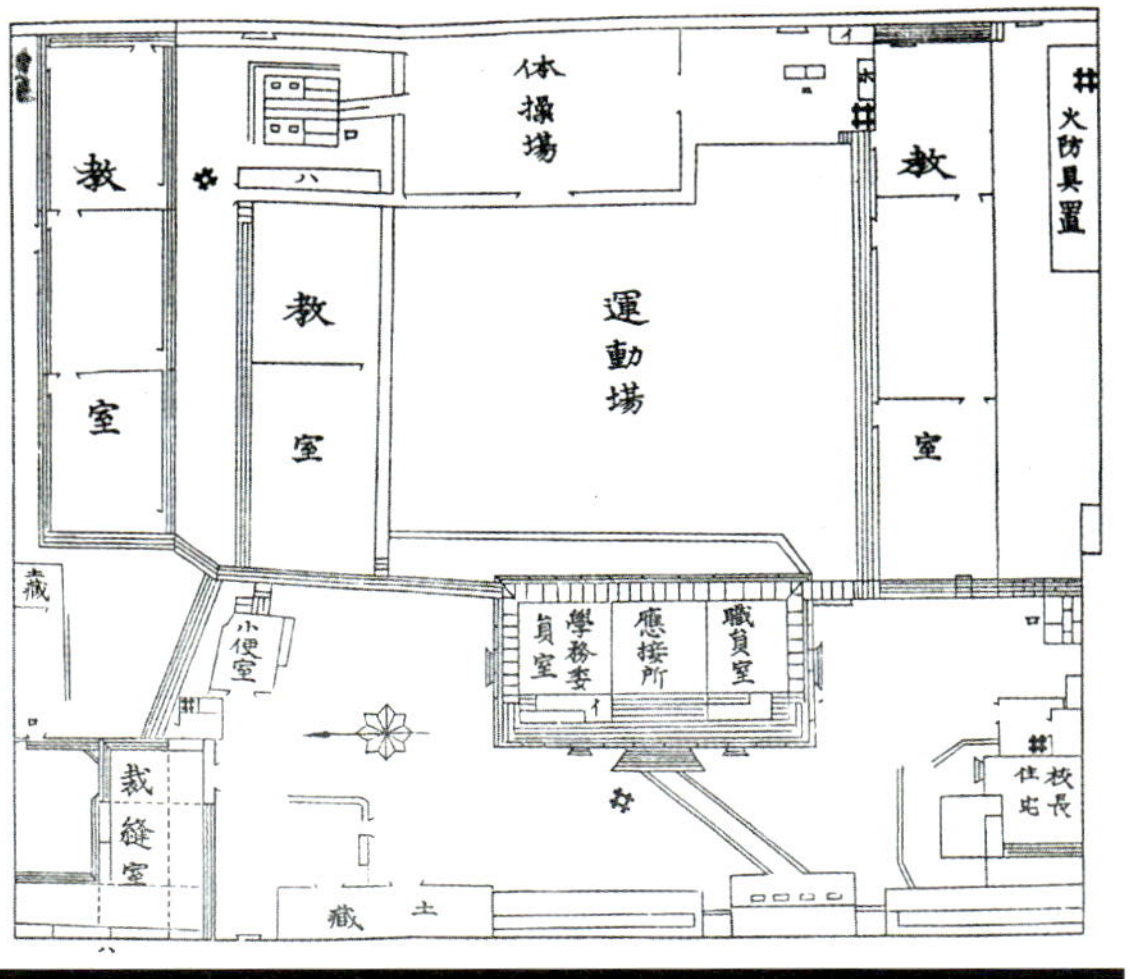

図1：龍池小学校講堂の一階間取図。明治27年の改修により、学務委員室や職員室などが設けられた（『龍池校沿革史』御所南小学校所蔵）

は勅語謄本の奉安所となり、学校儀式ではこれが奉読されるようになる。ほどなくして御真影がこれに加わる。

講堂は、もともと学校行事の場として重要な役割を果たしてきた。さらに、奉安所の設置により、講堂は国家的な権威で神聖化され、他の教室棟とは異なる特別な存在となってゆく。龍池校においても、明治38年頃の図には講堂二階に「玉座」と称する祭壇が認められる（『龍池校沿革史』）。

かくして講堂は、学区の教育行政を取り仕切る権限と、国家的な教育理念に基づく権威を備えつつ、学校の象徴としての意義を深めてゆく。講堂建築の、一見して学校にふさわしからぬ大振りな車寄せの庇や立派な屋根飾りは、学区の初等教育を司る機関としての自負と責任の表徴に他ならない。

2. 玄関の意味

安井小学校（後の清水小学校、東山区下弁天町）の講堂は、明治41年に他の教室などとともに改築された［写真1］。龍池小学校など、明治10年前後から相次いで講堂を新築している他校の状況からすれば、時期的にはかなり遅れた新築であった。これには事情があった。

安井校では、明治5年以来、長らく元蓮華光院（安井門跡）の旧御殿を校舎としてきた。御殿の再利用であり、校舎としての使い勝手からすれば不向きであったろう。にもかかわらず、ほぼ明治期を通して長く使い続けたのは、校名もこの名に因むほどに旧安井御殿の由緒と存在意義を重んじたゆえであろう。

新築された木造二階建ての講堂で注目すべきは、一階正面中央に入母屋造りの「車寄せ」を張り出す玄関の構えである。この車寄せの屋根は、形といい細部といい旧御殿のそれとよく似ている。I部9節の写真6（旧安井御殿の全景）と見比べてほしい。確証をとるすべはないものの、新築された講堂の車寄せは旧御殿のものを残し転用している可能性が高い。いうまでもなく、旧御殿の由緒を引き継ぐ意図があったのだろう。

新講堂の建設に際して、旧御殿の建物は仁和寺へと移され、門跡の謁見所である黒書院として再建された［写真2］。このことは先に述べた。仁和寺の旧黒書院は明治20年に焼失し、その後再建されないままであった。移築された黒書院の建物は現存するが、車寄せをもたない。この時代、建築部材を不用意に廃棄することは考えにくく、この点からしても車寄せは安井校に留め置かれたものと考えられる。

写真1：旧安井御殿の玄関が保存されたと考えられる安井（後、清水）小学校講堂（明治41年築、京都市学校歴史博物館所蔵）

写真2：京都仁和寺黒書院の外観（2004/9/10）

同様の事例は他にもある。小川小学校は、明治9年に学区内の久世邸屋敷の一部775坪余（上京区針屋町）を買収。190坪ほどの既存屋敷を改造増築し、同10年1月に移転した［写真3］。明治34年、校舎を新築する。その際、久世邸を改造した旧校舎は、小川学区の北東にある尼門跡寺院、「千代野御所」とも称する宝慈院（上京区下木下町）に移築、本堂に改修された。同院は移築時の棟札を残し、そこには確かに「御堂壱宇　上棟　明治34年8月5日　宝慈院」とある。しかし、現存する宝慈院本堂に付属する式台玄関は、久世邸屋敷にあった玄関とは異なることに、同院を訪ねて気づいた［写真4］。

久世邸の玄関は、安井校の場合と同様に小川校に残され、大正3年に新築され

写真3：明治9年旧久世邸の屋敷を買い取り翌10年に移転、校舎に転用した小川校玄関（閉校記念誌『小川』）

写真4：宝慈院の玄関と本堂の外観（2005/5/11）

た本館の玄関車寄せとされたのである［写真5］。小川校の閉校記念誌には、この本館が棟上された日の記念写真が掲載されている［写真6］。法被を着た棟梁や大工衆とともに、小川学区の関係者一堂が勢ぞろいした景色は誇らしく晴れやかである。筆者はこの写真、目を凝らして注視したのは、左手を向いた本館中央の玄関付近である。骨組みだけの本館であるが、やはり玄関がない。明らかに玄関は新築されなかったのである。明治10年以来長く校舎として活用された久世邸殿舎の由緒と伝統を旧の玄関に託し、新築校舎に引き継ごうとしたことは間違いがない。

明治期に競うように建てられた各校の講堂は、木造二階建てで、正面中央に車寄せ玄関の張り出しを持つ点で共通する。玄関の構えは講堂正面には欠かせぬ要素

写真5：小川小学校、大正3年新築本館の外観(閉校記念誌『小川』)。正面中央の玄関は、旧久世邸屋敷の玄関だと考えられる(写真3参照)

写真6：小川小学校、大正3年新築本館の上棟式の様子(閉校記念誌『小川』)。棟上時の本館には玄関部が無く、玄関は新築されなかったことが窺える

写真7：唐破風屋根の玄関構えが重厚な明倫小学校の講堂（明治41年築、京都市学校歴史博物館所蔵）

であり、外観をシンボリックに飾る装置として重視された。

それゆえに、玄関の構えは年代が下がるほどに立派になる。安井校と同年、明治41年に建てられた明倫小学校［写真7］や立誠《りっせい》小学校（下京第六番組小学校、中京区備前島町、写真8）などの講堂はその典型例である。両校とも校門の正面に配された講堂には大柄な車寄せが張り出している。

しかも、玄関部の屋根は檜皮《ひわだ》葺きの唐破《からは》風《ふ》屋根として、一際その存在を強調している。とりわけ明倫校の講堂は、玄関部のみならず講堂全体の規模においても他校を圧する大きさと豪華さを誇っていた。

玄関構えで最も豪華なのは修徳小学校（下京区富永町）であろう。明治38年に新築された同校の講堂は、千鳥破風《ちどりはふ》と唐破風を組み合わせた檜皮葺きの玄関部を構成している（5節写真1）。その外観は、二条城二の丸御殿の車寄せ玄関にも似て、

写真8：立誠小学校の講堂（明治38年築、『京都小学五十年誌』1918年）

写真9：昭和57年に建てられた嵯峨校の鉄筋コンクリート造本館（昭和10年築の木造本館の玄関を付設している。2019/7/29）

これが小学校かと疑うほどに豪壮である。

　これらの講堂と玄関構えの立派さに比べれば、安井校や小川校の玄関は、同時期のものとしてはやや簡素な印象はぬぐえない。しかし、近世以来の安井御殿や久世家邸宅の由緒を引き継ぐ記念碑的な玄関構えであると考えれば、その歴史性と存在意義は、他校に勝るとも劣らないものであったに違いない。

　明治初頭以来、たゆまぬ校舎の更新と拡充の中で、本館は学区の顔となりシンボルとなる。ゆえに本館正面を飾る車寄せと玄関は、特別の役割が託された。このような車寄せの伝統は、戦後にまで引き継がれたのが、嵯峨小学校である（明治5年創立、右京区嵯峨釈迦堂大門町）。

　同校には、昭和57年に建てられた鉄筋コンクリート造の本館がある［写真9］。その正面玄関は、木造の立派な車寄せで飾られている。およそ半世紀前、昭和10年に建てられた前身の木造本館のものを受け継いでいる。銅版葺きの入母屋屋根を残すことを前提に、鉄筋造の本館校舎はデザインされたのであろう。

　小学校の鉄筋コンクリート校舎は、戦後は規格化と標準化が進み、一様に似たような箱型となってゆく。そんな中にあって、嵯峨校では古きよき木造校舎を顕彰するベクトルが、コンクリート造の戦後校舎に歴史と伝統を呼び覚まさせた。嵯峨校の車寄せは、戦前の木造時代の記憶を伝える数少ない遺構となっている。

　そんな歴史的価値を持つ車寄せがもう一つある。それは実に古く、明治8年に建てられた講堂の一部であった。次に詳しく説明したい。

3. 発見された講堂

日本に一つという学校の歴史ミュージアム、京都市学校歴史博物館（下京区橘町）を訪ねてほしい。ここに行けば京都番組小学校のすべてがわかる。開智《かいち》小学校（下京第十一番組小学校）の鉄筋コンクリート校舎（昭和10年築）を活用した博物館である［写真1］。

写真1：京都市学校歴史博物館の外観(2019/8/2)

不思議なことにその玄関には、木造の「車寄せ」が突き出している。嵯峨小学校のコンクリート造本館に前身木造校舎の車寄せが付いている姿と重なる。しかし、博物館の車寄せはそれとは事情が全く違う。数奇な歴史を経て博物館の「展示物」となった。

コトの発端は、長瀬建築研究所所長の長瀬博一氏から筆者への一本の電話である。長瀬氏は当時、京都市南部の城陽市寺田にある「高岳寺」の本堂を再建する設計業務を請け負っていた。２００６年秋のことである。長瀬氏は電話口で、建替えを計画している高岳寺本堂は、元は成徳《せいとく》小学校（下京第九番組小学校、当時は下京区白楽天町にあった。後述）の講堂で、明治の終わり頃この地に移され本堂に改築されたものらしい、というのである。

明治の番組小学校の講堂建築が別の所でまるまる残っている。本当だとすれば、大変なことである。真偽を確かめるため、長瀬氏とともにすぐさま現地を訪ねた。眼前にある高岳寺の、その本堂「らしくない」外観から、これは明治期の講堂建築に違いない、と直感した。アーチ状の弧を描く車寄せ（寺の本堂ゆえ「向拝」と呼ぶべきであろう）は、龍池小学校の講堂と瓜二つであったからである［写真2］。しかも、向拝（元車寄せ）の鬼瓦には「成徳」の二文字がくっきりと刻まれていた［写真3］。この鬼瓦の存在から、地元ではこの本堂の由来はある程度知られていたらしい。

幸いにも同寺には、移築再建された時の棟札をはじめ、講堂を移築した経緯を詳細に記録する史料が大切に保管されていた。これにより、この建物が成徳校からいつ高岳寺に運ばれ、どのように本堂に改められたのかが明らかとなった。移築過程がこれほど具にわかる事例はまずないだろう。

高岳寺本堂は明治43年3月に上棟されている［写真4］。棟札の表書きには大工棟梁石田峯次郎はじめ発起人総代など関係者の名前が並ぶ。裏面には「明治四拾弐年拾月四日京都市下京区仏光寺通室町上　買得成徳校講堂移此為本堂焉」とあり、上棟前年の明治42年10月、本堂にすべく成徳校の講堂を買い取ったことが確認できる［写真5］。

写真2：高岳寺本堂の外観(2006/11/14)

写真3：高岳寺本堂向拝(元車寄せ)に載る成徳小学館時代の鬼瓦(2006/11/14)

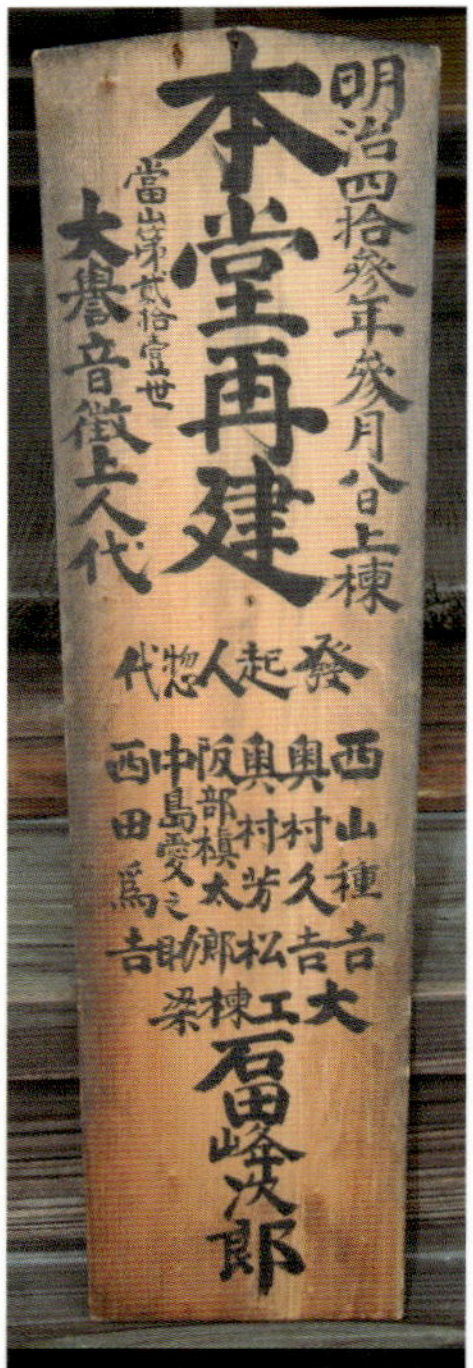

写真4：高岳寺本堂の棟札（表）(2006/11/14)

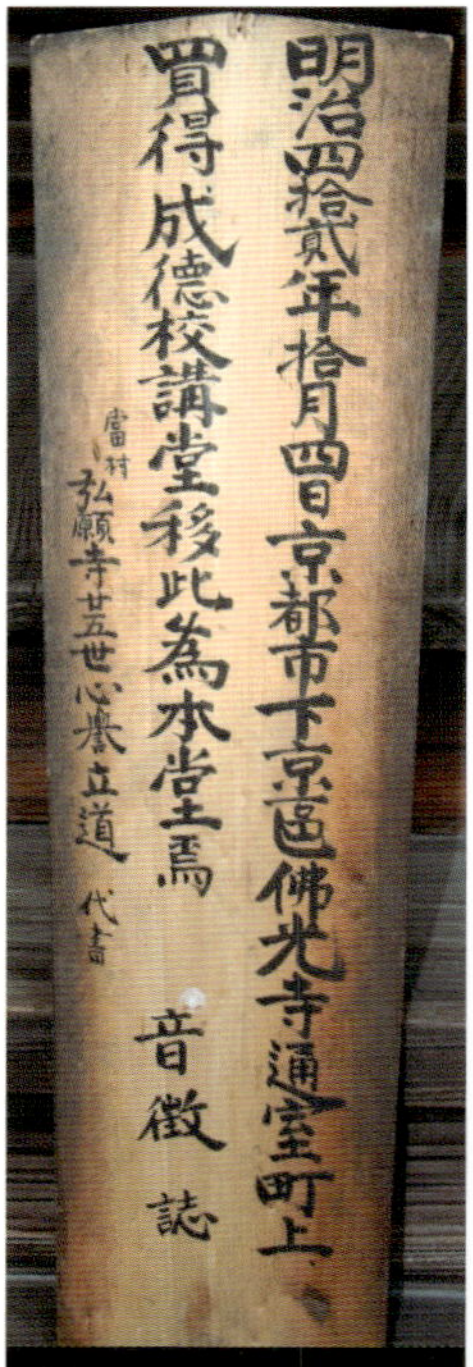

写真5：高岳寺本堂の棟札（裏）(2006/11/14)

同年の10月に記された「本堂再建ニ付諸経費記帳　高岳寺」によると、「明治四十二年十月四日　京都室町成徳小学校講堂の売却に付　見物の為め」に、寺の総代奥村久吉はじめ大工石田峯次郎、住職後藤音徴など5人が「出京」した。三日後の10月7日にも住職・総代ら5人が「買取の為め」に出京、17日には手附金を持参して総代ら2人が京へ出た。さらに26日には「講堂とりこぼちに付」総代役奥村、大工石田ら7人が出京。「とりこぼち」すなわち講堂の解体が明治42年10月26日に行われ、7人はそれに立ち会ったのである。

「設計予算書」(明治43年1月)からは、講堂の購入代金は１２００円であり、取り壊し運搬費はじめ大工や手伝の手間など移築および再建費用が３３００円、合計４５００円を要し、すべて「檀信徒有志金」でまかなわれたことがわかった。

次は、成徳校の元講堂はいつ建てられたものか、ということと、明治42年に解体され高岳寺に移された後、どのように改修されて高岳寺の本堂となったのか、ということが知りたいと思った。まことに稀有なことであるが、元講堂の高岳寺への移築後、本堂になるまでのビフォー・アフターを辿ることができた。

同寺の史料類の中に、半紙に描かれた図面類がある。その一つは、講堂当時の間取りと思しきものであった[図1]。なぜわかるかといえば、この図の上に、朱色で描いた本堂の計画図[図2]が貼られているからである(図1・2は、見やすくするために書き起こしたもの)。しかも、下の

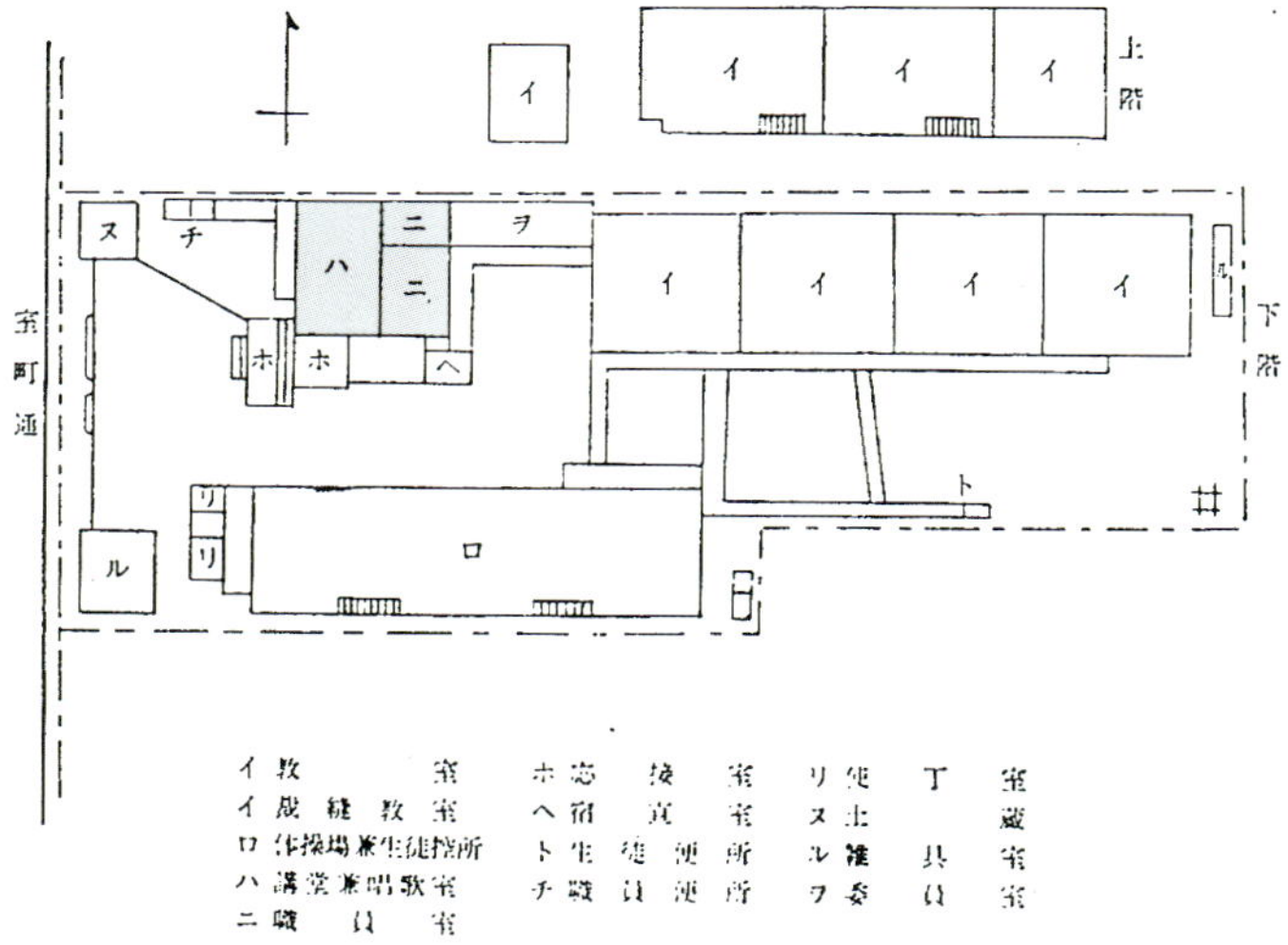

図3：白楽天町校舎（明治9年1月～30年11月）（『成徳百年史』1969年）

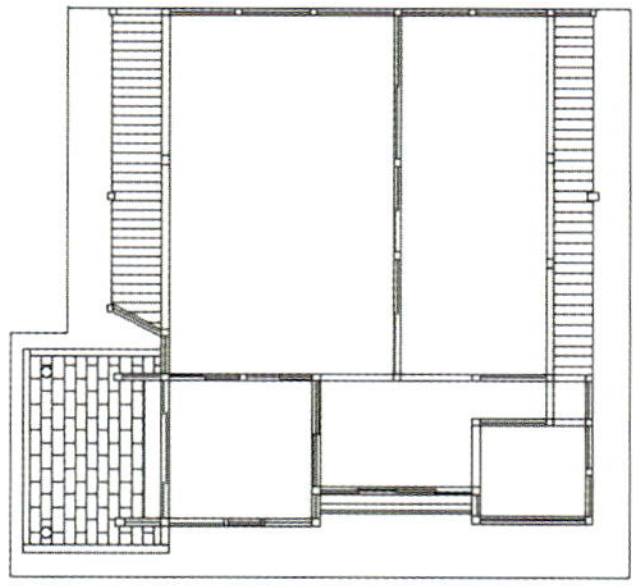

図1：成徳校講堂平面図（高岳寺所蔵）

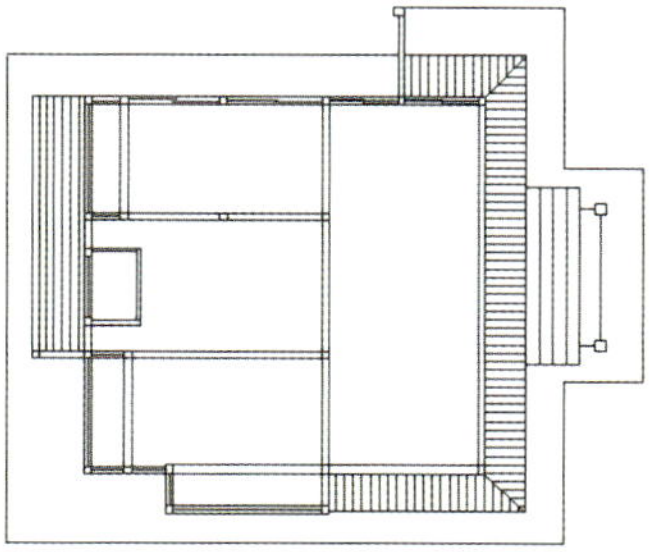

図2：高岳寺本堂平面図（高岳寺所蔵）

黒書きの間取り図［図1］に筆者は見覚えがあった。

成徳校は明治2年6月28日、新町通四条南において校舎を竣工し、9月11日下京第九番組小学校として開校する（生徒数310人、教師4人）。しかし、当初の校地は107坪と狭かった。そのため、明治8年5月16日、室町通綾小路下白楽天町（棟札裏面の「下京区仏光寺通室町上」と同じ）へ移転することを決め、同地にて新たに校舎を建て、同9年1月11日落成式をあげた。成徳小学校の名はこのときに命名されたという（以上『成徳百二十年誌』1989年）。

高岳寺の本堂は、その向拝には「成徳」を刻む鬼瓦を載せて目立つが、本棟の鬼瓦には「楽天」の文字を彫り込み、この建物が白楽天町時代の校舎であったことを表示している。白楽天町時代の校舎の間取図は、『成徳百二十年誌』と『成徳百年誌』（1969年）の両誌が収録する。見比べると『百年誌』の方がやや詳しいように思える［図3］。筆者に見覚えがあったのは、両誌の「白楽天町校舎　明治

9年1月～30年11月」が描く講堂部分と、高岳寺が所蔵する間取図［図1］がよく似ていると思えたからである。

実際、「白楽天町校舎」の図では、講堂は校地西側の室町通りに面した校門の正面に立ち、校門に向けて玄関を張り出している（図では玄関部は「応接間」と表記するが、明治30年12月～大正3年3月「白楽天町増築校舎」では「玄関」と記す）。講堂の室内は「講堂兼歌唱室」「職員室」などに使用されていたことがわかる。講堂の裏手には教室棟が長く延び、南側には細長い「体操場兼生徒控所」が並んでいた。校地の最前列に講堂が立つという龍池校などとよく似た配置構成である。

要するに、高岳寺に移築された講堂は、明治9年に落成した建物なのである。龍池校の講堂などと同期の、講堂建築としては最古級の建物が残されていたことになる。

成徳校の校舎群は、明治42年から大正3年にかけて順次建て替えられていった。同42年、寺田から出京し同校を訪ねた高岳寺総代奥村はじめ大工石田らは、旧校舎群の早い時期の売却先であった。

なお、さらにその後の昭和5年、成徳校は京都市立第二高等女学校の跡地（下京区繁昌町）に二度目の移転を果たす。同地にて、今日も残る鉄筋コンクリート造三階建校舎を新築する。

では、高岳寺へ移築後、旧講堂はどのように本堂へと転用されたのか。図1と図2を見比べるとわかる。実は建物の表裏を反転させている。つまり、本堂に改修する際、元講堂の裏側を本堂の表とし、さらに車寄せの屋根を本堂表の正面に取り付けて向拝としたのである。それ以後、筆者らが「発見」するまで約１００年の間、2本の洋風の丸柱が「成徳」の鬼瓦を載せたアーチ型屋根を支える和洋風の向拝が、高岳寺本堂の外観を長く飾り続けた［写真6］。

かくして、高岳寺の本堂は京都番組小学校最古の校舎の遺構であり、文化財的価値の高さが確かめられた。しかし、取り壊しの直前であった。現地での保存は難しく、また旧講堂全体の移築もまた困難であった。協議の結果、玄関車寄せの

写真6：高岳寺本堂向拝（元車寄せ）内部（2006/11/14）

みを京都市学校歴史博物館に移設保存することとなり、２００７年２月末日に工事は完了した。ほどなくして、元成徳校車寄せは国登録有形文化財に登録された。

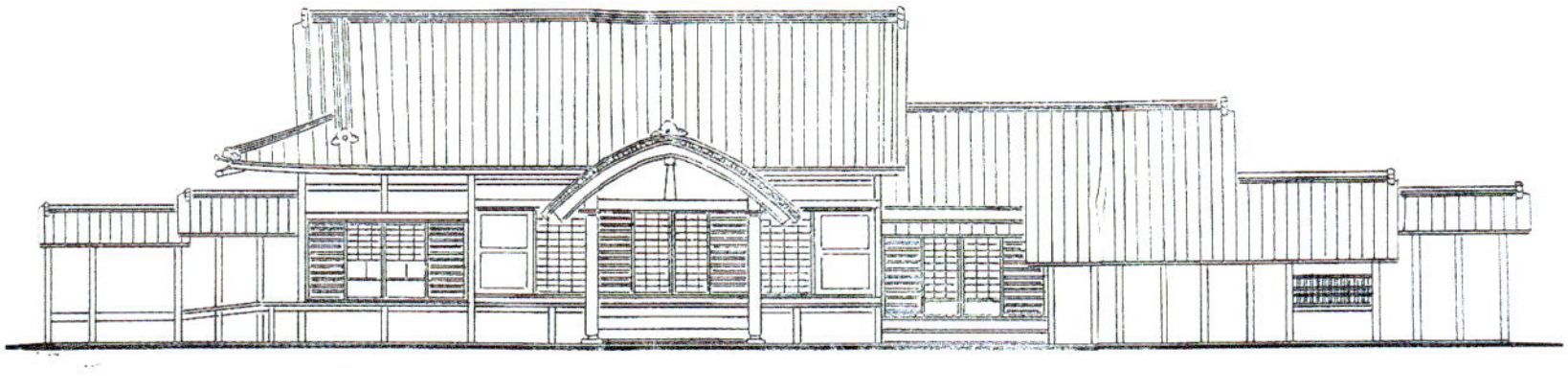

図4：高岳寺本堂正面図（高岳寺所蔵）

この車寄せは、アーチ型の屋根形状や円柱などの穏やかな洋風意匠に特徴がある。成徳校から高岳寺への移築を取り仕切った棟梁石田峯次郎、住職後藤音徴はじめ地域の人々は、洋風意匠を本堂正面に据えることに躊躇はなかったのであろう。番組校校舎の由来が大事にされてきたことは、「成徳」の鬼瓦を本堂に掲げ続けたことからも窺える。

明治前期の洋風を加味した校舎建築を寺院本堂へ転用する。石田棟梁は、その際、アーチ状の車寄せを擁した本堂正面図を残している［図４］。文明開化の象徴であった洋風意匠は、明治末期ともなれば、寺のお堂を個性化し特徴づける要素として受容された。

成徳校の車寄せは１００年近く、本来校舎として使われた期間の倍以上の長きにわたり、別の場所で別の勤めを果たし、再び校舎（学校歴史博物館）の一角に戻された。博物館に錨を下ろした車寄せの価値は、古き良き明治校舎としての歴史性に留まらない。それは、木造校舎の移築転用史の数少ない語り部でもある。

4.
定型となった玄関構え

そもそも明治期京都の小学校校舎には、なぜ立派な玄関構えがあるのか。

講堂の中心に据えられた車寄せと玄関は、校門の正面にあって来訪者をにらみつけるような厳めしさがある。子どもたちが日々通う学校にはそぐわないように見える玄関の構えは、どのようにしてできたのか。

写真1：真如堂喜運院の本堂。元竹間校の講堂と玄関が移築時に一体化されたもの（昭和4年移築）（2006/7/7）

真如堂（左京区浄土寺真如町）の塔頭である喜運院の本堂は、竹間《ちっかん》小学校（上京第二十一番組小学校、中京区楠町）から昭和4年に移築されたものである［写真1］。正面中央に玄関を張り出した本堂の堂々たる姿は、土塀越に外からもよく見通せる。本堂内部は移築の際本堂にすべく大幅に改造されていて、移築前の面影はほとんどない。しかし、車寄せの先端に載る鬼瓦には竹間の二文字が刻み込まれ、その由緒を今に留めている。

同院本堂は、竹間校の講堂として使われていた。屋根の棟には望火楼が載っていたことも、当時の写真にみえる。しかし、この講堂は同校において新築されたのではない。明治14年、御所内で空家になっていた元一条忠香公の御殿が同校に下げ渡され、移築されたものである（『竹間校百年記念』１９６９年）。

重要だと思うのは、一条邸から運ばれた殿舎にはもともと玄関の張り出し（車寄せ）がなかったことである。明治期の校舎配置図や古写真からは、移築された講堂の手前に少し離れて玄関が別棟で建

写真2：明治期の竹間校。玄関と講堂（右手）が離れて建っている（閉校記念誌『竹間』1995年）

っていることがわかる［写真2］。玄関の棟は、講堂の設置に合わせて新築されたもので（『竹間校百年記念』1969年）、校門の正面に置かれ、講堂とは棟の方向も異なっていた。一条公の殿舎が本来備えない玄関構えを補うべく新造されたのである。

由緒ある建物を校舎として活用することは、明治前期、京都市中の小学校の多くに認められる。しかし、元公家の建物であっても、それを単に移設するだけでは校舎の「構え」としては十分ではない、と学区の人々は考えたに違いない。玄関の構えを必要としたのである。竹間校の講堂と車寄せ付玄関との関係は、このことを端的に物語る。

今見る真如堂喜運院本堂の姿は、竹間校から同院へ移築される際、もともとは別棟であった講堂と玄関の車寄せを連結し、一体化させた結果である。

筆者は当初、小学校の講堂に欠かせぬ玄関の構えは、玄関を備えた公家や藩邸の旧殿舎の活用などに由来し、その影響を受けたものではないか、と漠然と考えていた。しかし、実際は高貴な殿舎を転用する時点で、すでに車寄せを伴う玄関を正面に据えたいという意図があったことが、竹間校の講堂からは窺える。ゆえに、玄関構えの成立事情は開校当初にまで遡って考えてみる必要がありそうである。

番組小学校の開校時の校舎は役場を兼ねた小規模な建物で、校舎形式も未確立な状況であった。規模も形式もさまざまではあったが、校門の正面に玄関を備えるという点では共通していた。明治2年の学校創設時から、番組校には式台形式の格式張った玄関があったが、玄関は戸長役場に附属する施設であった。

「政教不岐」の小学校という開校初期の特質が、後の校舎の更新過程に玄関構えという遺産を残した。小学校校舎の萌芽期、役場と一体にあった校舎の祖形式が、明治期京都の木造校舎に玄関構えという定型を導いた。筆者はこのように考えているのである。

5. 校舎の正面に本館を

修徳小学校（下京区冨永町）の講堂は、これが小学校かと疑うほどに豪壮であった。明治38年、新しく設置された正門の前にこの講堂は再建された（『修徳校閉校記念誌』１９９４年）。本校の講堂再建は、この年、正門の位置が校地の南東角へと移動したことに伴い、校地内で場所を移し新築された点が興味深い。これにより新講堂は学び舎の顔となるべき位置が与えられた。二条城二の丸御殿の車寄せ玄関にも似た、正面に張り出す千鳥破風と唐破風を組み合わせた檜皮葺きの玄関構えに、来訪者はさぞや驚いたことだろう［写真1］。

三条通りと神宮道が交わる交差点の南東部に位置する粟田《あわた》小学校（下京第二十五番組小学校、東山区粟田口三条坊町）にも同じような動きが見てとれる。同校は三条通りの南側に校地があって、大正末年まで

写真1：玄関構えが重厚な修徳校の講堂。明治38年、校門の移動に伴って移転新築された（『京都小学五十年誌』1918年）

はこの通りに正門を開けていた。明治36年に建てられた本館は正門の南側、まさに門の正面に建っていた。

昭和2年、同校では校地の西側を拡張し、さらに神宮道にまで校地を繋ぎ、三条通りに向いた正門の位置を拡張部の西側に変更した。神宮道に正門を置き直したのである。そして、門の移転に合わせ三条通りを向く本館は取り壊された。翌年、新校門に引き寄せられるように新たな本館がその正面に新築されている［図1・2］。

本館（講堂と同じ、以下本館で統一する）が校門の正面に建つ姿を、これまでにも写真などで度々紹介してきた。明治大正期の京都市中の小学校では、多くの場合、門に一番近い位置に本館を建て学校の表を飾る。教室棟は別棟で建てられ、本館の背後や脇に並べられた。この形を筆者は「本館正面型」校舎配置と呼ぶ。正門から校舎を望んだとき、常に本館が正面にあり中心を占めているからである。これは、当時の京都市中における多くの番組小学校の定型をなす校舎プランである。

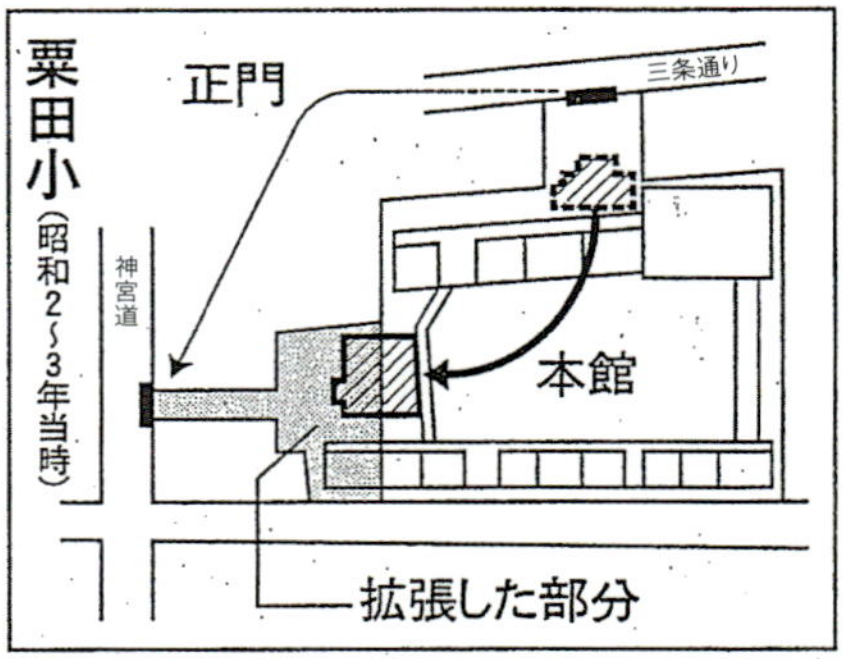

図1：昭和3年、粟田校の本館は正門の変更に伴い移設された（「京都市営繕課所蔵図面」を元に作成）

図2：昭和3年、本館を移設後の粟田校の俯瞰図（京都市学校歴史博物館所蔵）

校地の形状や規模により、実際の校舎の構成はさまざまではある。しかし、番組校60校の内、不明を除く51校に本館正面型の校舎配置が確認できた。これだけでも校舎建築の特徴として指摘するに十分であろう。しかも、修徳校や粟田校にみる校地内での本館の移設経緯からは、本館を是が非でも正門正面に配置しようとする「意図」が読み取れる。本館正面型の校舎配置は、極めて理念型のプランであり、京都市中における木造校舎の定石になっていた。

しかし、当時の文部省が推奨した小学校プランは、これとは全く違っていた。L字型、コの字型、あるいはH字型のように、校舎を棟続きに配置するものであった（図3、明治28年「学校建築図及設計大要」）。生徒の昇降口はあるが、玄関の表記は見当たらない。実際、東京府や大阪市をはじめとする都市部の規模の大きな校舎はこれに倣う構成をとっている。

明治期の東京における小学校のプランを例示してみたい［図4］。いずれも明治期における教室数の多い大型校舎である。

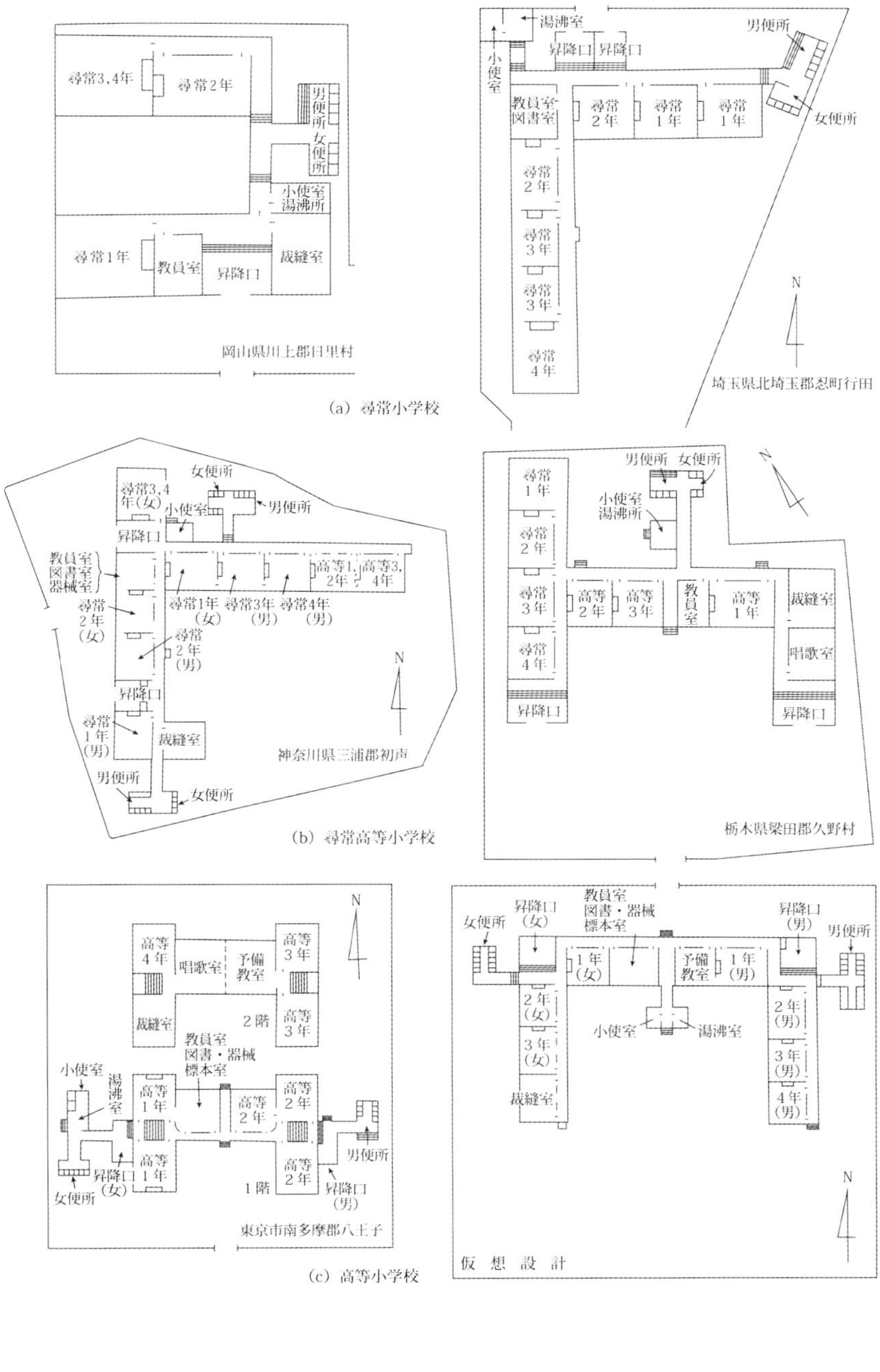

図3：明治28年「学校建築図及設計大要」(文部省建築掛)を元に作成

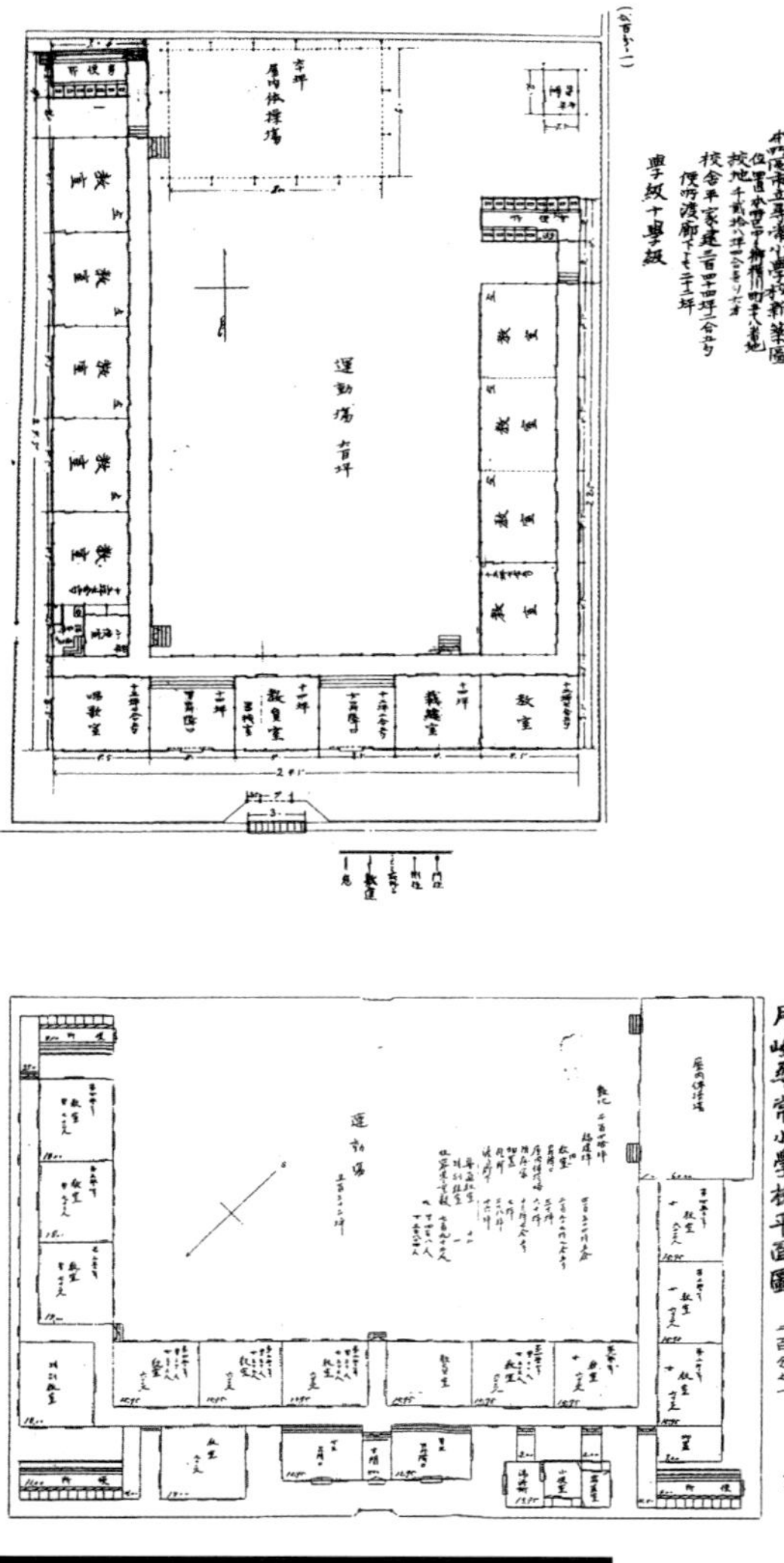

図4-2：明治期東京府下の小学校校舎事例（上：某小学校、明治35年、下：月嶋小学校、明治38年）（『同図』同館所蔵書類）

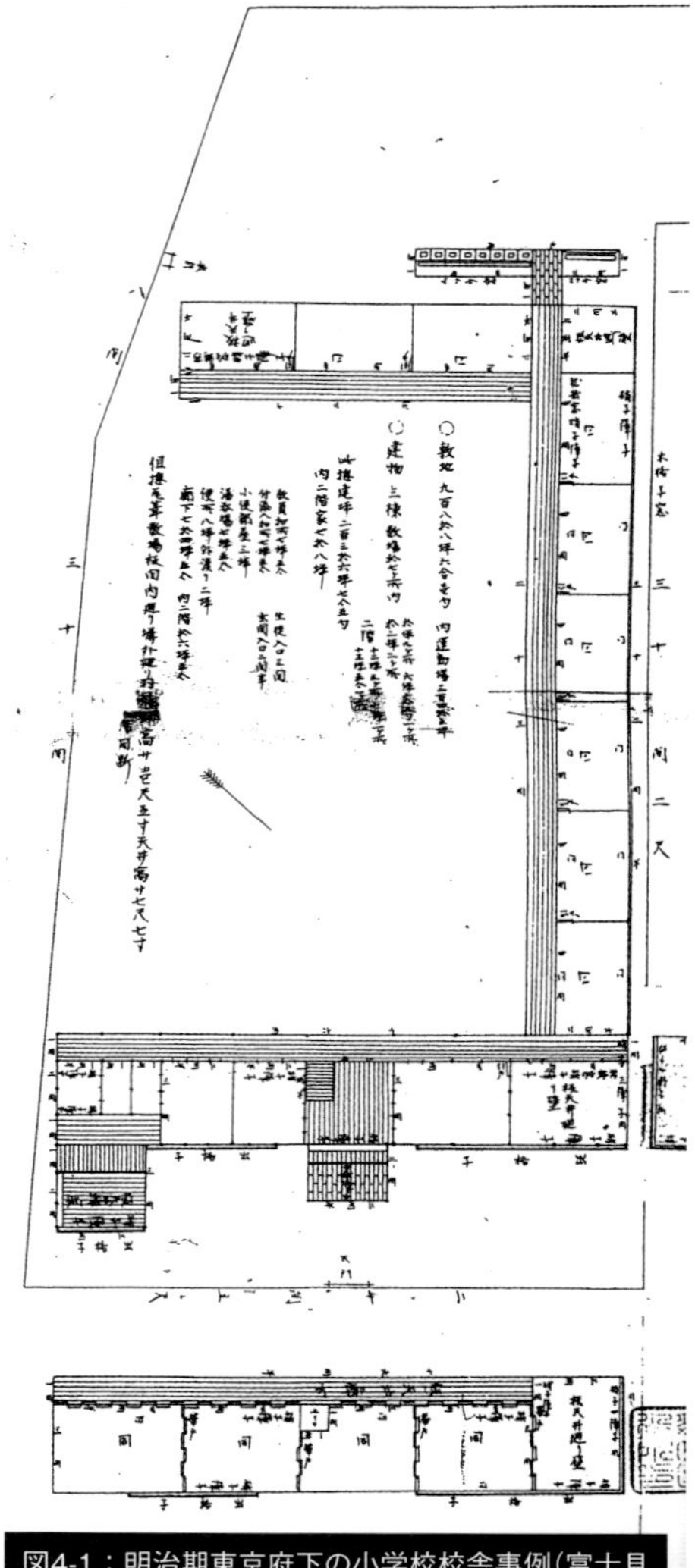

図4-1：明治期東京府下の小学校校舎事例（富士見小学校、明治18年）（『東京府下区部公立小学校新築校舎平面図』明治10〜43年、東京都公文書館所蔵公立小学校関係書類）

確かに、富士見小学校（明治18年）のように正門の正面に玄関が張り出すものもあるが、某小学校（明治35年）のように、生徒の昇降口はあっても玄関を持たない校舎もある。いずれも連棟型で、本館に当たる棟はない。

京都番組校の校舎プランの独自性は、他都市の校舎と比較すれば際立つのである。なぜこのような独自の校舎配置が生み出されたのか。

本館は、一階には学務委員室をはじめ校長室や職員室などといった学校の管理機能が集約され、二階は講堂で教育勅語謄本の奉安所を兼ねていた。一階正面には格式的な車寄せが付いた玄関が張り出している。このような本館は、明治初頭の小学校校舎に同居した戸長役場（町会所）になぞらえることができる。本館とその脇や裏手に配置された教室棟との関係も、役場と教室棟との関係に似ている。本館正面型の校舎配置は、学校発足当初の役場を兼ねた配置形態に由来し、その名残であると考えられる。

京都市中における木造校舎は、その最初期の校舎が具備した構えと校舎配置の形をその後も継承し、定型として定着させた。それは結果として、文部省が先導するモデルプランとは異なる校舎形式の系譜となった。日本の学校建築史上、京都の小学校校舎は極めて異彩を放っているのである。

日本初を誇る京都番組校の校舎群は、その歴史においても独自の歩みを辿っている。

写真1：明治37年新築の日彰小学校校舎（京都市学校歴史博物館所蔵）

6. 建設資金を調達せよ

明治37年10月1日に竣工した日彰小学校（中京区高倉通六角下・現高倉小学校）の校舎は極めて豪華である［写真1］。「日本建築の粋」を集め「一世を風靡した大建築」と、同校の百年誌は誇らしげである（『日彰百年誌』1971年）。この大校舎は、二階建ての本館（講堂）を校舎の中心、正門の正面に据え、その左右（南北）両脇から背後にかけて二階建ての教室棟を並べ（南側の教室棟の一階は幼稚園）、本館手前の右脇には雨天体操場を配置する。番組校の典型的な校舎プランを示す堂々たる木造建築群は、まさに明治の京都を代表する学舎と呼んでいい［図1］。

同校は下京第四番組小学校として明治2年東洞院三条に開校したが、同5年には元松山藩邸の地所を購入して移転し、同時に山階家別邸の建物を購入して新校地へ移築し、校舎とした。以来、旧山階

図1：明治37年日彰校校舎平面図(閉校記念誌『日彰』1997年)

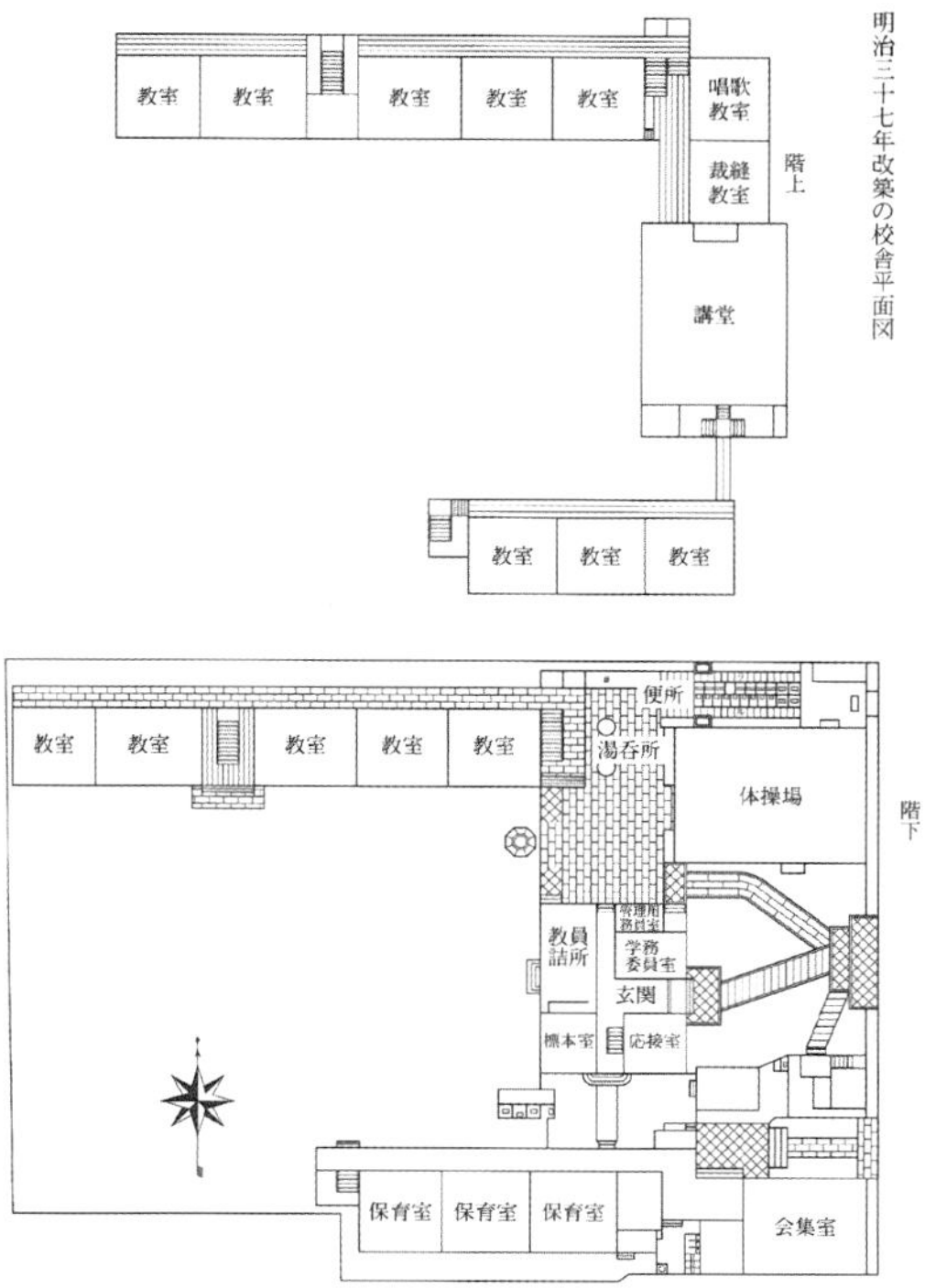

宮別邸の殿舎を長年校舎として使い続けた。その間、増築を重ねつつ改築の機会を窺うものの、資金面で実現を見ずにいた。明治29年1月、ようやく7年間の年賦払いによる寄付方式が決まり、早速学区内の二十八町に割り当てる。こうして、校舎新築に向けて、学区をあげての取り組みが始まった。

　校舎建設の資金は、どのように集められたのか。日彰学区内の中魚屋町に関する史料が参考となる（『日彰百年誌』）。町により額は異なったようであるが、同町に割り当てられた月々の寄付額は9円。うち5円70銭は家持も借家も一様に全38戸が15銭ずつ均等に負担する。残る3円30銭は家持者のみから徴収された。そのために3円30銭を町内総坪数で割って坪単価を出し（3厘／坪）、各々所有する宅地の坪数に応じて負担額を割り当てるという方法が採られた。これを7年間、学区全体で1万6600円余を集めるという、長期間にわたる資金計画が実施された。加えて、同学区の教育行政を取り仕切る学務委員2名は別途500円をそれぞれ寄付し、さらに区内の富豪に寄付を募って回り、2万6000余円を集めた。

　日彰校の校舎新築では、校地買収や備品費なども含め、総額6万5000円余という多額を要した。その内寄付金が4万7700円余と7割以上を占めていた。学区民による寄付金の比率の高さがわかる。学区民の負担がそれだけ大きかったのである。

　富有学区（京都市中京区）の史料からも同様のことがわかる（「山田家文書」『史料京

都の歴史』第9巻、平凡社、1985年所収）。これは明治21年における町費賦課の方法を記したもので、町内の家屋を一等戸（持家人）、二等戸（借地人）、三等戸（裏借家人）にわけ、それぞれ月々1円4銭4厘、72銭、40銭8厘と格差をつけて集め、教育費や土木費などに充てていた、という。

借家人を細かく分けている点は、日彰校とはやや異なる。徴収方法は、学区ごとにさまざまに工夫されていたようである。しかし、学区民が総力を傾け学校建設を支えた事実に変わりはない。今も変わらぬ学区民の学舎への深い愛着の源泉はこのあたりにあろう。

日彰校に話を戻そう。明治37年に竣工する新築工事では、寄付金に加え、旧校舎の売却による収入5300円余が充てられていた。この点にも注目する必要がある。この金額は、新築工事費用5万3700円余の1割程度ではある。しかし、明治42年、成徳校の旧講堂が高岳寺へ売られた際の価格は1200円であったから、日彰校校舎の売り渡し額はかなり高額である。旧校舎は順調に売却され、例えば寺町仏光寺の空也寺に移築されて本堂になるなど、市内各所で新たな用途が与えられた。

中古車のように旧校舎を売りに出す。売却代金が次の新築工事の糧となる。成徳校の旧校舎は、下取り先の高岳寺関係

写真2：日彰校の雨天体操場。金戒光明寺（黒谷）に移築された（京都市学校歴史博物館所蔵）

写真3：金戒光明寺（黒谷）の天風閣。元日彰校の雨天体操場。玄関は移築時の増築（2005/3/18）

者が見守る中で解体された。丁寧に解かれたに違いない。スクラップ・ビルドを通念とする今日からすれば、古い建物のリセールヴァリューなどと言われてもイメージがわかない。学区民の出費により建てられ長く使われた愛着ある旧校舎は、それが更新される最後まで役割を果たしたのである。

なお、明治37年に新築された日彰校の木造校舎は、昭和13年2月26日不幸にも火災で大半が焼失してしまう。しかし、焼け残った雨天体操場［写真2］は戦後黒谷の金戒光明寺に移築され、天風閣と呼ばれて現存する［写真3］。その姿は、新築当時の雄姿を想像するに十分な風格を今なお留めている。

COLUMN

スロープ

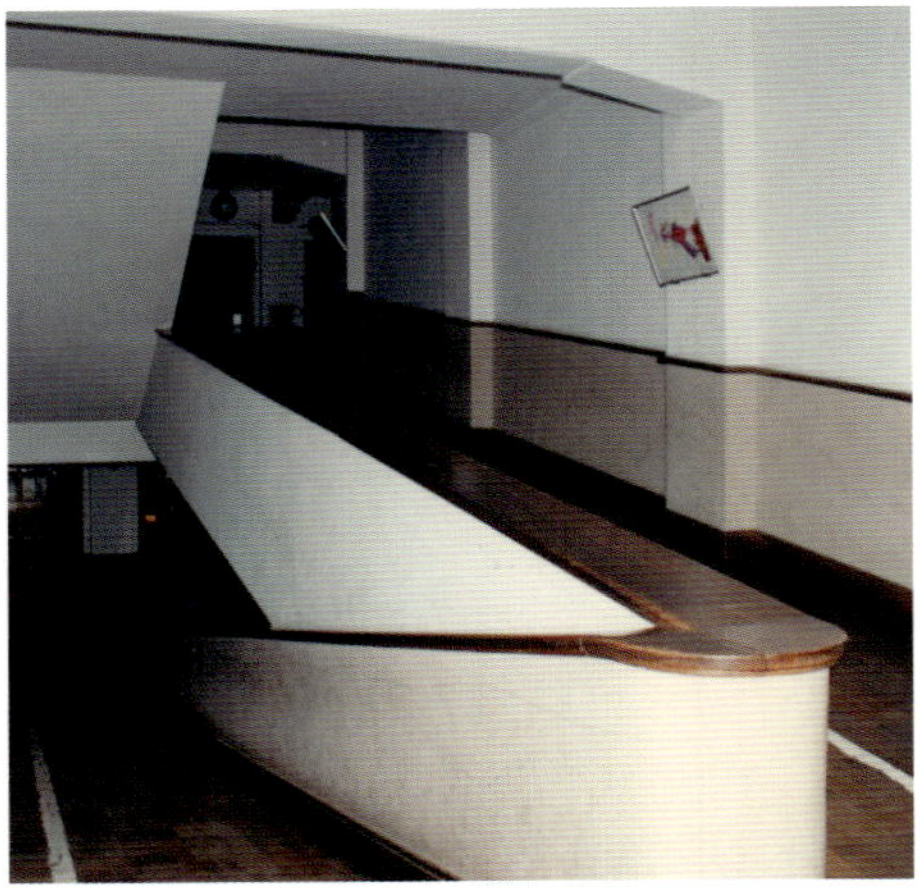

桃薗校のスロープ（昭和7年築、1994/12/26）

京都芸術センターとして多くの来館者を迎える旧明倫校にはスロープ（斜路）がある。普段私たちは建物の中でスロープを使う機会は少ないから、その歩行体験は新鮮である。斜路を持つ校舎は京都では3例に留まった。昭和3年築の郁文校が早く、6年の明倫校、翌年に桃薗校が続いた。今は旧明倫校のみ校舎が残る。20世紀建築の巨匠、ル・コルビュジエ（1887〜1965年）はスロープを愛用した。代表作のサヴォア邸（1931年）でもスロープを効果的に配置している。東京の国立西洋美術館（1959年）は彼が手がけた日本で唯一の作品である。ここでスロープに出会える。コルビュジエは、スロープによって「フロアを繋ぐプロムナード（散策路）」という新たな価値を建築に吹きこんだ。スロープは階段とは全く違う、と主張する。児童の避難を念頭にスロープは設置された。しかし、旧明倫校の長い斜路に足を踏み入れると、コルビュジエが追い求めたプロムナードを体感できる。

Ⅲ

鉄筋コンクリート校舎の時代

1. 鉄筋校舎への胎動

本能《ほんのう》小学校（中京区本能寺南町）では、底冷えの厳しい冬の間は、子どもたちが来る前に教室を暖めようと、早朝からストーブに火が入れられていた。大正10年2月1日午前8時、いつも通り焚き始めたストーブから飛び火し、瞬く間に教室棟が火の海となった。児童の登校前という点は幸いしたが、講堂と雨天体操場を除く校舎が焼失した。

罹災した木造校舎は、明治38年に大改築されたものであった［写真1］。工事費1万8000円余りが投入されたが、竣工時に5000円余りもの不足金が生じ、学区内で追加徴収するなど苦心の校舎であった。

翌日より、同校に近接する市立第一高等女学校（図1、当時。昭和3年から堀川高等女学校、現在の堀川高等学校）の一部を借りて教室に充て、1学年ずつ男女合併の6学級編成で授業は再開された（『学校沿革史』）。1学年が男女100余名の超満員状態ではあったが、臨時の借教室でしばらくすれば新校舎へ移れるはず、とみな我慢した。しかし、その後2年2カ月にもわたり高等女学校での授業は続くことになる。

写真1：大正10年に罹災した本能小学校の校舎（明治38年築）。写真の講堂は焼失を免れ、校舎改築の際に他所へ移転された（京都市学校歴史博物館所蔵）

不慮の火災に端を発した同校の校舎再

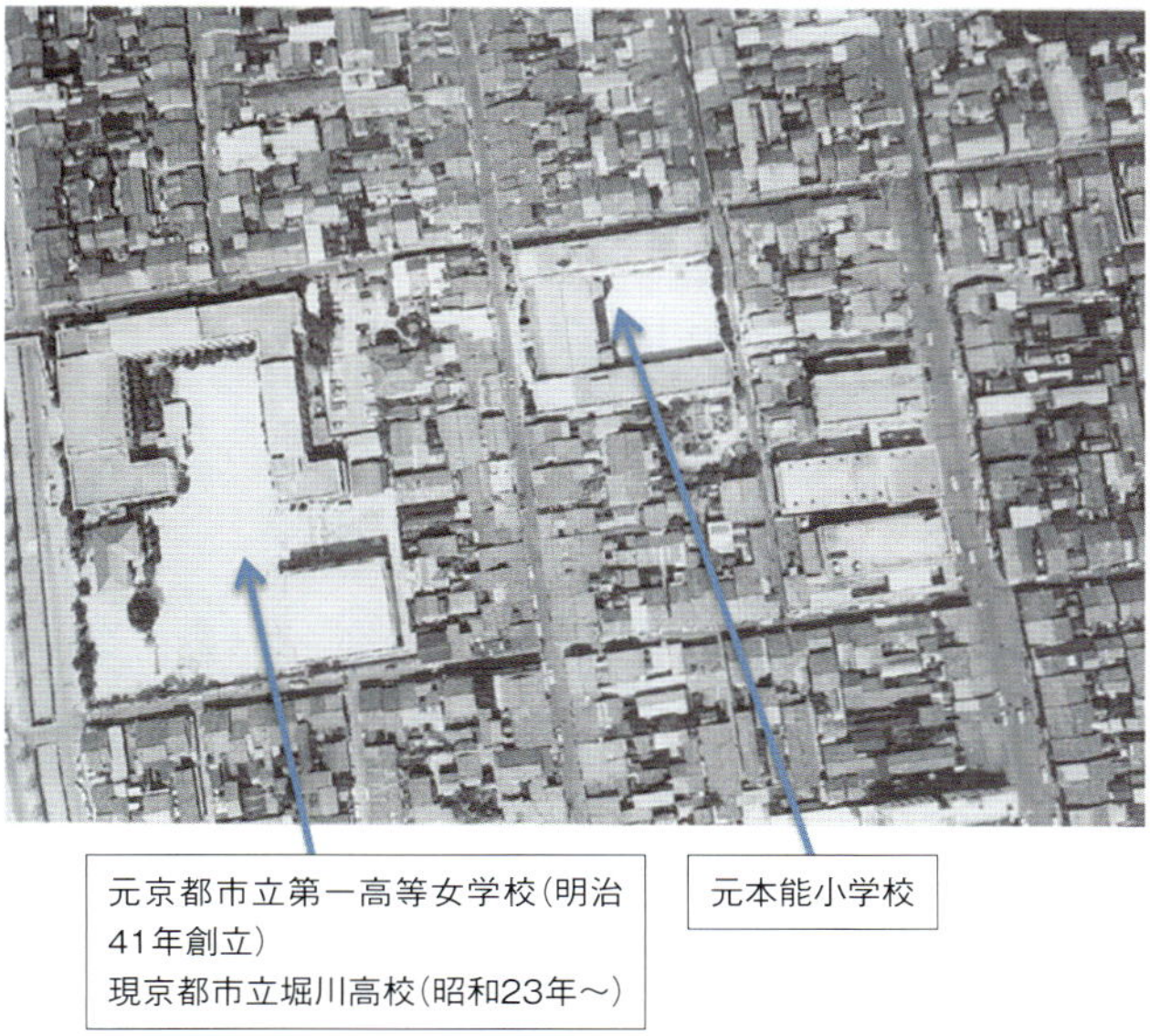

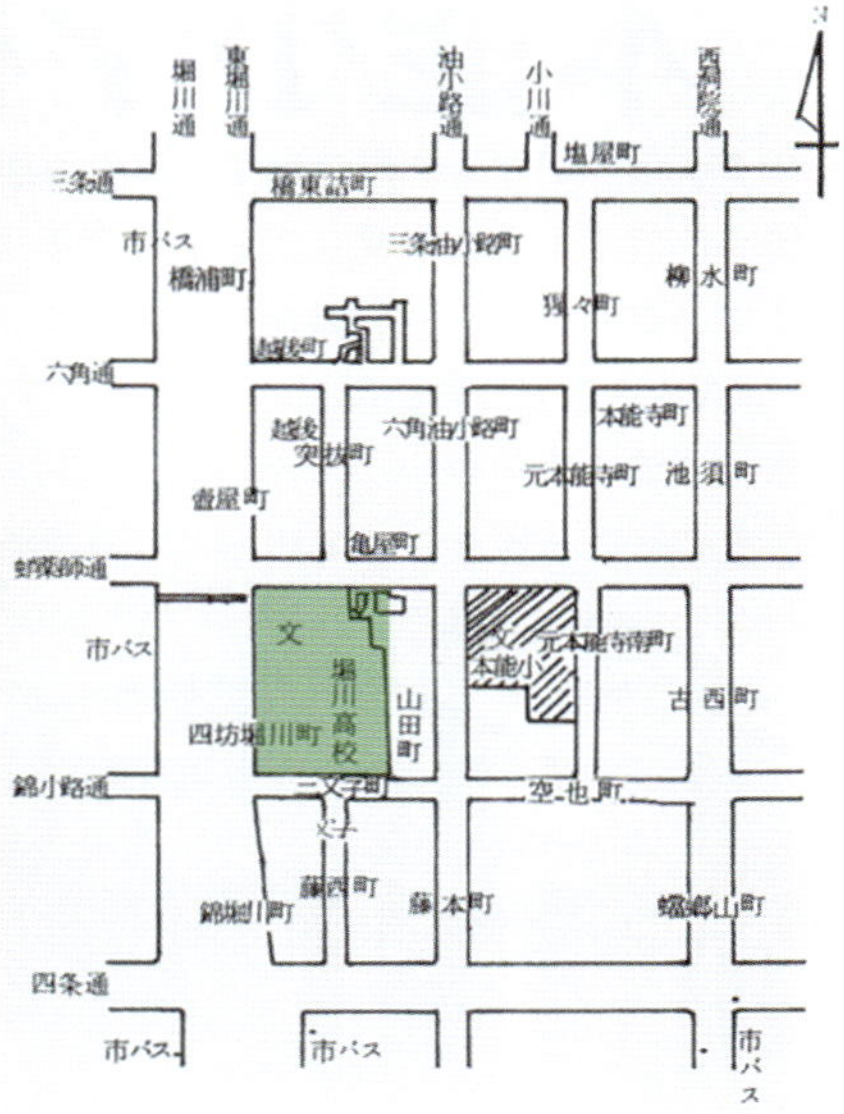

図1：本能小学校と京都市立第一高等女学校との位置関係（閉校記念誌『本能』からの図に加筆）

建の取り組みは、京都初の鉄筋コンクリート造校舎として結実する。しかし、その道程は平坦ではなかった。鉄筋校舎が誕生するまでの軌跡を、「京都市本能尋常小学校　新築に関する始末書」に沿って辿ってみたい。

火災当日の午後6時、学校当事者や学区会議委員全員が招集され、善後策の協議が開始される。初回の会議は午前2時で打ち切られたが、翌日から連日連夜の議論は6日間続けられた。

本能学区では、折しも火災の前から校地と校舎の拡幅計画の検討が進められていた。寄付金の募集も始まっていた。協議の結果、従前の改修計画の趣旨を尊重することとし、経費もすでに集めた寄付金に火災による保険金を加え、さらに有志からの寄付を追加で求めることとなった。

2月7日にこれを区内の公同組長に諮り、8日には各町の有力者を集めた集会にて意向を質し、賛同を取り付けた。

集会当夜、早速1万円の寄付の申し込みがあった。その後も寄付は相次ぎ、短期日のうちに寄付金の合計は10万円近くに達した。市より嘱託された建築準備委員が建築案の検討に入る。さらなる寄付金の募集方法も議論して、寄付金は22万から23万円を目標として各町応分に割り当てることとし、同月24日各町の承認を得た。

学区会は、七案の復興計画案を提示した。詳細は省くが、3月7日の建築準備委員会は、まず市立高等女学校の校地校舎を買収する案（第七案）を採択した。しかし、この案は市当局との交渉まで行われたが、その後途絶えた。同委員会は、「若し第七案不調の場合は第二案を実行し出来得る限り耐火構造の建築を施工すること」と次善の策を決議していた。第二案とは、校地西側に隣接する土地の買収と延建坪９００余の建築を施工するというものであった。

注目すべきは、ここにおいて「耐火構造の建築」という方向性が初めて示された点である。その理由は定かではないものの、十分に校地の拡張ができないことへの防火的配慮からであろう。大正10年当時、鉄筋コンクリート校舎は全国的に見ても珍しく、耐火構造の必要性が広まる契機となった関東大震災の2年以上も前であった。

第二案を選択したことで、学区会は耐火建築に対する独自の模索を開始する。手始めに建築の工法について京都市建築課に打診している。市は、建築費は木造校舎の場合で18万円、鉄筋コンクリート造であれば24万6０００円を要すると回答した。土地の買収費もかさむため、後者は全くの予算不足となり現実性に乏しかった。しかし、学区は耐火構造にこだわった。

京都初の鉄筋コンクリート校舎の建設は、学区にとってむろん未知の挑戦である。その挑戦の先に、大変な事態が待っていた。

2. 難航する工事、苦悩する学区

本能学区（京都市中京区）は、大正10年2月の火災後、翌月には延べ坪９００余の校舎を新築することを決めていた。問題は工法の選択とその費用であった。

「京都市本能尋常小学校　新築に関する始末書」は、工事の経緯を詳しく記している。これに基づき、初の鉄筋校舎がどのように誕生したのか、その概略を追った。

学区会は、鉄筋コンクリート校舎を念頭においていた。その可能性を探るべく、3月24日には学務委員、校長など3名が神戸市へ出張し視察を行っている。神戸では、本能校が罹災した前年に、日本で初とされる鉄筋校舎が3棟も完成していた。

そんな折、罹災直後から当学区へ送られてきていた耐火構造に関する多数のチラシ類の中に、学務委員らは日本セメント工業株式会社による「特許鉄筋ブロック建築」に関する目録を見つけた。委員の関心を引いたのは、耐火構造でありながら、他に比して著しく安価であったためである。同社の大阪支店に問い合わせたところ、5月3日同社支店と技師長の両名が来校して、すでに京都吉祥院の奥村電気の建築工事がこの工法で施工中であるという。伊勢戸学務委員、原校長の両名が直ちに吉祥院に赴いて現地を調査し、さらに9日には学区会議員並びに特別準備委員、その他準備委員中の有志十余名が吉祥院にて実地調査を行う。直後の5月13日の学区協議会において、同社に参考設計図と見積書の提出を求めることが決せられた。学区関係者は、同社の工法に大いに期待を寄せたのである。この「特許鉄筋ブロック建築」という聞きなれない工法については、次で説明することにしたい。

6月上旬、同社から8案の設計図が提出された。驚くべきは見積額であった。概算ではあったが坪当り１６０円内外で施工できるという。京都市建築課が見積

写真1：本能校の鉄筋校舎の竣工写真。本館正面の車寄せ(大正12年、京都市学校歴史博物館所蔵)

った従来の木造校舎より、さらに20円も安価であった。半信半疑の学区委員らはすぐに市建築課に意見を求めた。

市の返答は、「ブロック」は目下建築業界において研究中のものなので断言できないが、ブロック使用の箇所を限定して施工すれば差支えないだろう。とにかく市も充分調査して、できることならば耐火構造の建築を施工する方向で行ってはどうか、というものであった。その後も市と協議を重ね、設計は同社提出の図を市が増補訂正する形で進めることとなった。

7月27日、建築準備委員と各町の公同組長による総集会を開き、同社の代表者と技師長を招き説明を受け、設計図と仕様を承認。8月6日の協議会では、日本セメント工業提出の見積額19万9900余円が18万円見当まで下がれば同社との随意契約を結ぶことが決まり、以来値下げ交渉を続けること数回、8月21日、請負額18万7000円を以て仮契約が行われた。竣工期日は大正11年3月31日とされた。請負額は、当初市が見込んだ木造

写真2：本能校の鉄筋校舎の竣工写真・講堂内部（大正12年、京都市学校歴史博物館所蔵）

による建設費18万円に近く、木造校舎とほぼ同じ建設費で着工される運びとなった。

11月13日地鎮祭を終え、12月16日に本契約が結ばれ、京都市長宛の契約書が受理された。本契約において、竣工期日は大正11年5月31日へと変更されている。しかし、実際にはさらに1年も竣工は遅延した。

着工すると、ほどなくして工事に遅れが目立ち始める。竣工予定日の3カ月前である同11年2月末になっても、二割程度の進行具合であった。さらに、3月下旬になると急速に大工職人が減り、建築材料も滞る事態となる。4月中旬には請負人が現場の幹部をみな更迭するといった状況にまで深刻化する。学区会では、請負人に詳細な工程表の提出を求めるが、その後も工事の進捗は思うに任せない状況が続いた。

そして10月13日、ついに請負人は京都市役所に出頭し、請負契約の解除を嘆願する、という信じがたい事態に至る。その後工事は、現場に搬入している一切の材料、施工機械器具、足場丸太、板囲等に至るまで、現場に存在する一切の物品をそのまま市が引き取り、市の直営により行われた模様である（その後の経緯は史料が残らずわからない）。

こうして大正12年5月3日、京都初の鉄筋校舎が竣工する［写真1・2］。記念すべき新校舎は、業者の契約解除という最悪の事態をくぐり抜けて完成した。木造並の見積額にそもそも無理があったのかもしれない。

難産の末に誕生した本能校の新校舎は、京都市中における耐火校舎時代の幕を開けた。新時代の先駆けとなった同校の名は、困難を乗り越えた学区民の労苦と共に歴史に刻まれるべきであろう。

3. 京都初の鉄筋校舎は新工法

　京都初の鉄筋コンクリート校舎は、「特許鉄筋ブロック建築」であった。日本セメント工業株式会社による独自の工法で、同社はこう呼んでいた。本能小学校の校舎は京都で最初に建てられた鉄筋校舎である。しかも、「鉄筋ブロック造」による京都唯一の校舎であった。この希少性ゆえにその工法は特筆に値する。本能学区が日本セメント工業株式会社からのプロポーザルを選んだ理由は、何よりこの工法の安さであり、木造と同等の工事費で鉄筋校舎を建てることができる、という同社からの触れ込みが決め手であった。

　本能校校舎建設の苦難の顛末は前に述べた通りである。しかし、「木造と同等の工事費」という宣伝文句は、嘘でもまやかしでもなかった。そもそも鉄筋ブロック造は、ローコストを追求する中で生まれたものだからである。

　鉄筋ブロック造の第一人者は中村鎮《まもる》（１８９０―１９３３）であろう。日本の近代建築史を勉強した人であれば一度は耳にしたことがあるかもしれない。中村は福岡で中学を卒業後、台湾総督府土木局に雇われるが、1年余りで辞職。早稲田大学の建築科に入り、明治42年（１９０９）創業の住宅メーカー「あめりか屋」の技手などを経て、短期間、日本セメント工業株式会社にも技師長として席をおいたようである。その後、独自の鉄筋ブロック造を考案して大正9年（１９２０）「中村建築研究所」を開設し、自身の名前を冠した「中村式鉄筋コンクリート構造」（通称「鎮《ちん》ブロック」）という工法を発明する。大正10年（１９２１）、その専売特許を取得して以来、全国で１００件以上の建物を鎮ブロックで建てたとされる。

　この構造は、L字型のブロックを組み合わせて壁を造り、これを型枠としてその中に鉄筋を挿入してコンクリートを

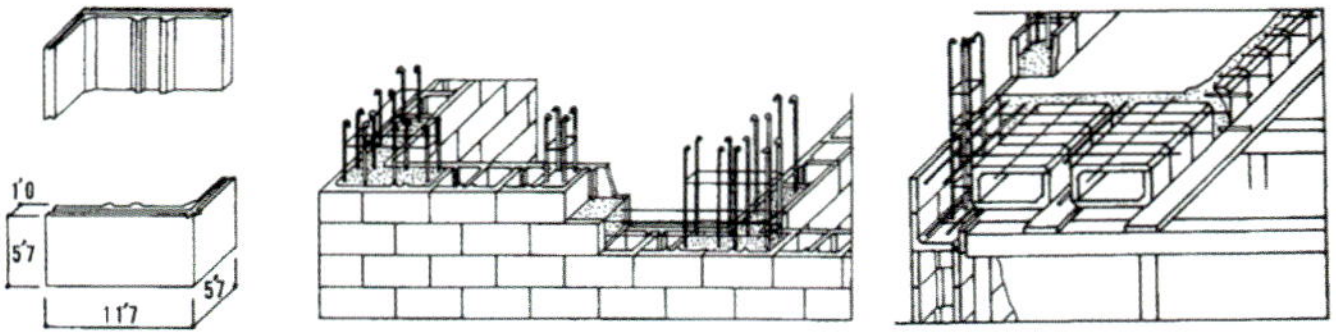

図1：「鎮ブロック」（伊藤俊英ら「建築家中村鎮と中村式鉄筋コンクリートブロック」『日本建築学会北海道支部研究報告集』1982年）

流し込むというもので、仮枠工事が不要のいわゆる「型枠コンクリートブロック造」の一種である［図1］。中村はブロック構造の利点を、施工の迅速、価格の低廉、型枠の削除、耐震耐火性など8項目を挙げている。

大正10年に発生した函館大火後の復興に際して鎮ブロックは25件の建物で使われたという。当時函館区では建設費の坪単価を木造80円、鉄筋コンクリート造で160円と見積り、鉄筋造を推奨するために、木造との差額に対して40円を低利融資で補助するとしたが、建設業者の積算と合わず計画は難航していた。中村は、「自分が苦心して発明した中村式鉄筋コンクリート建築法は「日本のような貧しくかつ木造の多い国においては、鉄筋コンクリート建築を木造に近い価格で出来得るようにする事が、建築家として何よりの急務である」という考えから考案したものである以上、こういう時こそ真にこれを応用してその効果を示すべきであると感じ、……単身函館市役所に乗り込んで行って市長にこの話をし」たという（伊藤俊英ら「建築家中村鎮と中村式鉄筋コンクリートブロック」『日本建築学会北海道支部研究報告集』1982年）。ゆえに「鎮ブロック」の名は、北海道でよく知られている。大正10年といえば、本能校の木造校舎が焼失した年である。

そんなことで、大正から昭和初期にかけて開発された鉄筋コンクリートブロック造としては、「鎮ブロック」をまずあげねばならない。しかし、本能校で採用されたブロックは鎮ブロックではない。その頃、多くの業者が「鉄筋ブロック造」を競うように考案し、特許庁に特許及び実用新案権を出願している。藤井輝恵氏の調査によると明治35年から昭和19年にかけて特許18案、実用新案が165案を数えたといい、その出願件数は大正10年が突出して多い（藤井輝恵「大正・昭和初期の鉄筋コンクリートブロックについて」『日本建築学会大会学術講演梗概集』1997年）。

本能校を手がけた日本セメント工業株式会社は、大正9年4月に資本金100万円で設立された。その役員の一人に山内源吉がいた。山内はその前年に資本金

50万円で日本鉄筋コンクリートブロック株式会社を作っている。これは山内が開発に8年の歳月をかけた特殊鉄筋コンクリートブロックの発明を機に興した会社で、山内は大正7年から同11年にかけて、個人名と日本セメント工業両方の名前で45の実用新案特許を登録したことが明らかにされている。山内源吉の名は中村鎮ほどには知られていないのは残念であるが、当時構造学の権威である佐野利器をして「内外幾多のブロック中最も優秀なり」と言わしめるほど、山内のブロックは建築界において高く評価されていた（藤谷陽悦ら「川口市岩田邸の解体にともなう鉄筋ブロック造に関する事例研究」『日本建築学会技術報告集』第22号、２００５年12月）。本能校に採用されたのは、このブロックである。

日本セメント工業株式会社設立の半年後、大正9年12月、同社は横浜市営の「中村町第一共同住宅館」の工事請負を受注し同月中に起工、同社初の鉄筋ブロック造による工事は翌10年5月に竣工した。この共同住宅館は日本初の共同住宅と考えられていて、日本の近代住宅史を飾る存在である（水沼淑子「大正10年建設の横浜市営「中村町第一共同住宅館」について」『日本建築学会計画系論文報告集』№.３６９、１９８６年）。

日本セメント工業が製造するブロックは「特許鉄筋ブロック」と呼び、「建築資材共同型録大正十四年」によれば1尺5寸角で厚さ1尺、8寸、5寸の3種があった。このブロックを積み上げて壁を造り、基礎、柱、梁、屋根、床などは鉄筋コンクリートで造るというもので、仮枠工事の工程を大幅に省け、工期が半減、工費もはるかに低廉であると解説されている。

日本セメント工業は、個人住宅についても大正11年（１９２２）東京上野公園不忍池で開催された「平和記念東京博覧会」において鉄筋ブロック造の個人住宅を展示［写真1］。翌年、同社は博覧会に出品した鉄筋ブロック造住宅の民間受託住宅として岩田邸（埼玉県川口市）を完成させている。同年、東京市営古石場住宅も同じ工法により施工した（志岐祐一ら「旧東京市営古石場住宅の解体記録」『日本建築学会大会学術講演梗概集』2000年)。これらの鉄筋ブロック造住宅は、大正12年9月1日の関東大震災にも耐えて優秀さを示したのである（藤谷陽悦ら「川口市岩田邸の解体にともなう鉄筋ブロック造に関する事例研究」『日本建築学会技術報告集』第22号、2005年）。

2001年、閉校して久しい本能校の鉄筋校舎が解体された。筆者は解体に立ち会うことができず、京都工芸繊維大学教授（当時）の石田潤一郎氏が現場を丹念に取材され、筆者に写真を届けてくれた［写真2］。漆喰を厚く塗った内壁の内側に整然と並ぶ1尺5寸四方のコンクリートブロックが見える。

大正12年、本能校と同じ年に建てられた岩井邸の解体に際して調査した藤谷陽

写真1：大正11年(1922)、日本セメント工業が東京上野公園不忍池で開催された「平和記念東京博覧会」に展示した、鉄筋ブロック造の個人住宅(建坪28坪、部屋数7、特許耐火建築(価格6342円))

写真2：本能小学校解体時に現れたコンクリートブロック(京都工芸繊維大学教授(当時)　石田潤一郎氏撮影)

悦氏らの説明によると、ブロックは中空で、これを本能校と同様に芋目地（縦横共に一直線に通す目地）に積み上げて目地モルタルで固定し、横目地方向に直径6ミリ（2分）の鉄筋を2列に挿入、縦目地方向には直径9ミリ（3分）の鉄筋を配筋した後に、積み上げた中空ブロックの隙間にコンクリートを充填して壁面を固定するという手順らしい［図2］。

昭和7年（1932）、「市街地建築物法」施工規則の大幅改正によって建物の構造規定が厳しくなり、あわせて鉄筋コンクリート造の施工技術が向上するなかで鉄筋ブロック造の需要は減り、今やほとんど忘れ去られてしまった。明治期の煉瓦造から、昭和初期、鉄筋コンクリート造が普及するまでの過渡期にあって、その橋渡しをしたブロック造は、後世、鉄筋コンクリート造の代用品としての印象も手伝ってか、あまり顧みられることはない。

大正12年5月3日、本能校の鉄筋校舎は難渋した末に竣工する。しかし、工法に問題があったわけではない。実際、その4カ月後、関東大震災を経てコンクリートブロック造はその評価を高めた。京都で第一号の鉄筋校舎が、後に続く鉄筋コンクリート造ではなく、それへと繋ぐように鉄筋ブロック造で建てられたことは記憶されるべきである。

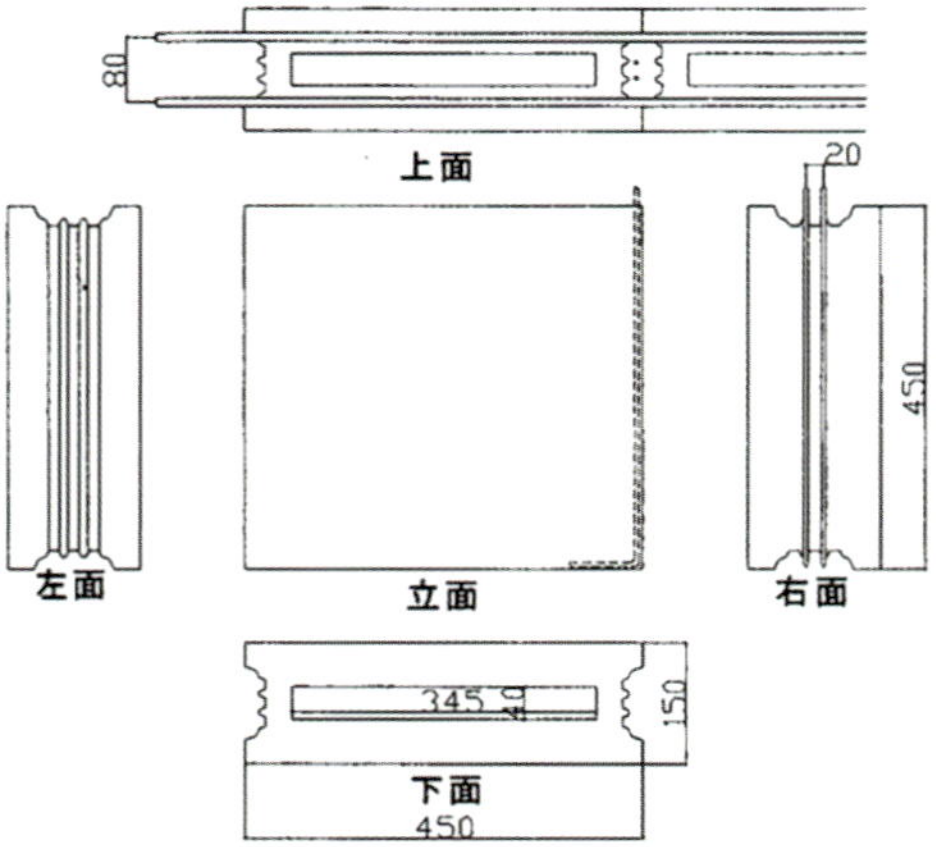

図2：岩田邸解体時のブロック実測図（藤谷陽悦ら「川口市岩田邸の解体にともなう鉄筋ブロック造に関する事例研究」『日本建築学会技術報告集』第22号、2005年）

4. 鉄筋校舎の思想

「うれし、うれし、うれし、うれし、うれしやなー、僕等の勉強する学校が出来た。屋根の上でも体操が出来て……」。大正12年5月13日。本能小学校の新校舎落成式で、生徒たちが合唱した「落成式の歌」の一節である［写真1］。

旧校舎の火災から2年余りの間、学区内の市立第一高等女学校の老朽校舎に設けられた仮設教室で、しかも１学年１００余名の超過密な状態で授業は続けられた。新校舎の落成を何より喜んだのは、仮設教室から開放された子どもたちであった。その気持ちを歌詞はよく代弁している。「私等学年は毎年男女合同で同窓会を致しますが、宴会ともなれば決して出るのはこの歌」なのだという（「落成式の思い出」『本能校百年史』１９６９年）。

「当時鉄筋コンクリート建ての小学校は関西にては神戸に一校あるのみで京都は勿論大阪にも無く毎日参観者の絶えた事がありませんでした」（「新築落成時代の思い出」『本能校百年史』）。当時の校内の雰囲気をよく伝えている。

残念ながらこの校舎は取り壊されてしまったが、「鉄筋ブロック造」という特殊な工法が解体時に現れた。柱や梁を鉄筋コンクリート製とし、壁に正方形のコ

写真1：本能校鉄筋校舎の唱歌室。黒板には「落成式の歌」の楽譜が描かれている（京都市学校歴史博物館所蔵）

写真2：本能校の鉄筋校舎の階段室。内壁には漆喰が厚く塗られていた（京都市学校歴史博物館所蔵）

ンクリートブロックを充填する工法である（前節参照）。さらに内壁には漆喰が厚く塗り込められたことで、校舎内はどこか土蔵造りにも似て、以後にできる他校の鉄筋コンクリート校舎とはかなり異なる雰囲気を漂わせていた［写真2］。

本能学区の人々は、京都初のコンクリート造の校舎である［写真3］この新校舎に何を要望し、どのような期待を寄せていたのか。学務委員であった宮本庄太郎が残した「工事報告」（大正12年5月3日）によると、まず運動場を広くとることに加えて、屋上運動場が企画された。屋上利用は鉄筋校舎の利点であると考え、実際、京都初の屋上運動場が実現した［図1］。また、将来の義務教育の延長に対応するために教室数に余裕を持たせ、高学年の教育に耐えうるように普通教室の中に坪数の大きいものが設けられた。

さらに宮本は、校舎それ自体に「工芸的美的教育資料」としての期待を込めた。工芸的資料に資するという宮本学務委員の眼目は、校舎の外観デザインからよくわかる。同校には、実施案に加え2種類

写真3：本能校教室棟（右手）と講堂（左）（京都市学校歴史博物館所蔵）

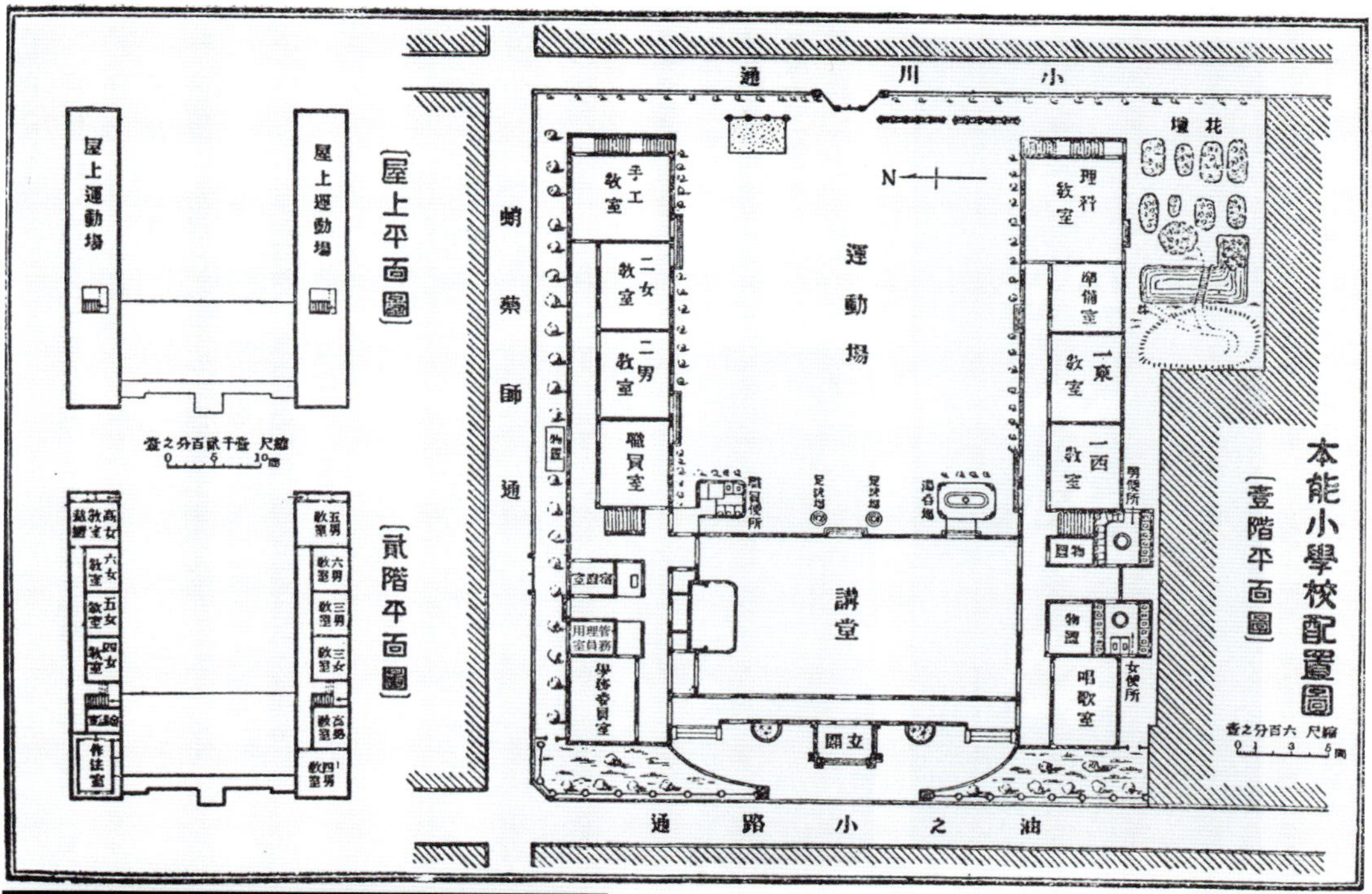

図1：本能小学校配置図（京都市学校歴史博物館所蔵）

の立面図が残されていた［図2］。平面にさしたる違いはなく、外観にそれぞれの趣向が添えられている。みな個性的である。学区の要請に応えて複数のデザインが用意され、学区会の中で実施案が選ばれたのであろう。

校舎のデザインを、子どもたちに対する「美的教育資料」とする発想は卓見である。それまでの木造校舎は、厳めしく立派な玄関で格式を強調する本館（講堂）を中心に、外観は板張りでやや単調な細長い教室棟を配するものであった。その建築構成は京都独自のものではあるものの、「工芸的」と呼びうるものではない。

学務委員として校舎新築の使命を担った宮本は、鉄筋校舎の単に耐火構造という特長に留まらず、その建築意匠が持つ可能性に気付いていた。建築自体が子どもたちの情操教育の糧になりうるということを、まだ鉄筋コンクリート校舎が存在しない段階で見いだし、京都で最初の校舎にその思想を託した。当時としては実に画期的で、今日に通ずる考え方である。

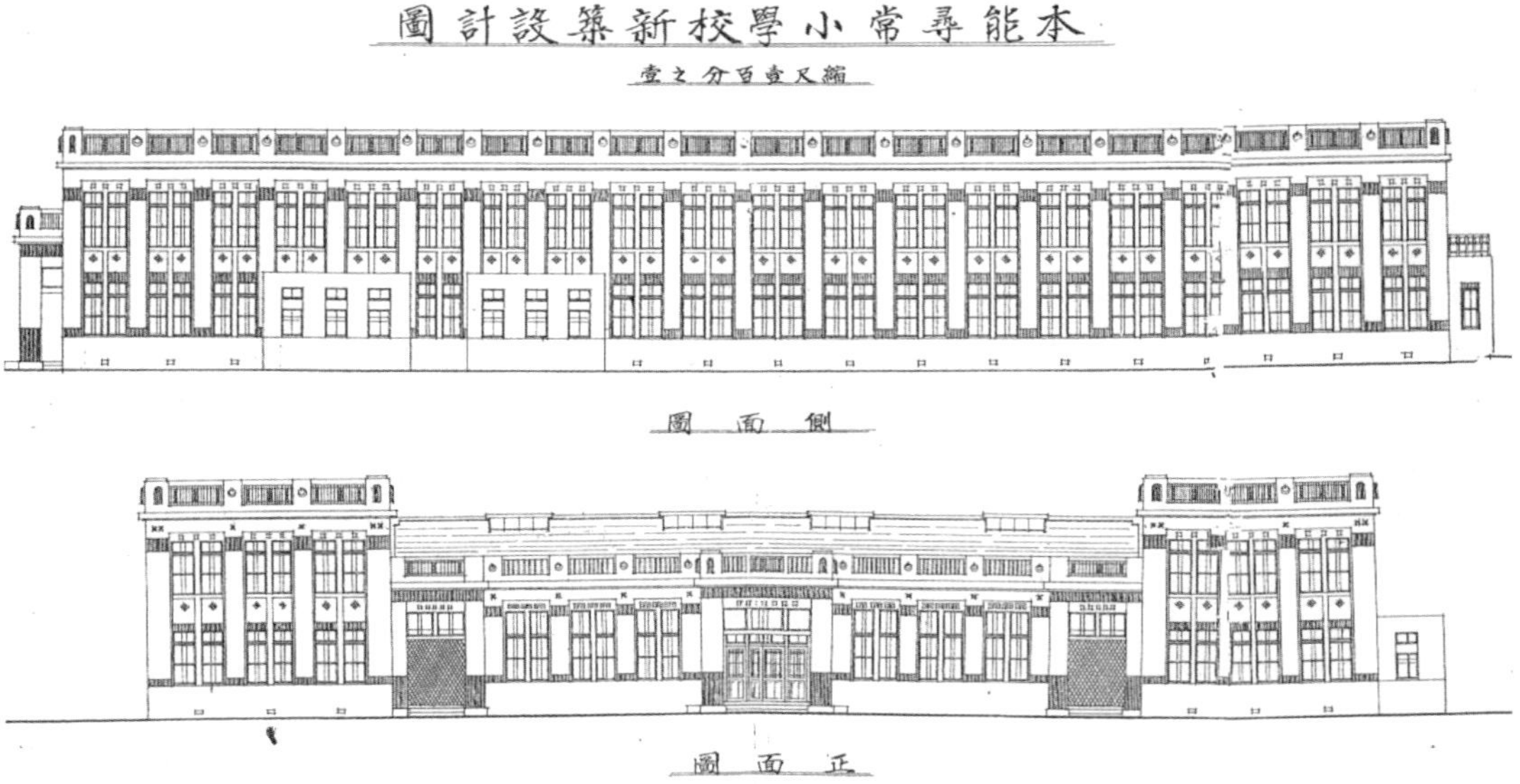

図2-1：「本能尋常小学校新築設計図」正面図・側面図（実施案）（京都市営繕課旧蔵）

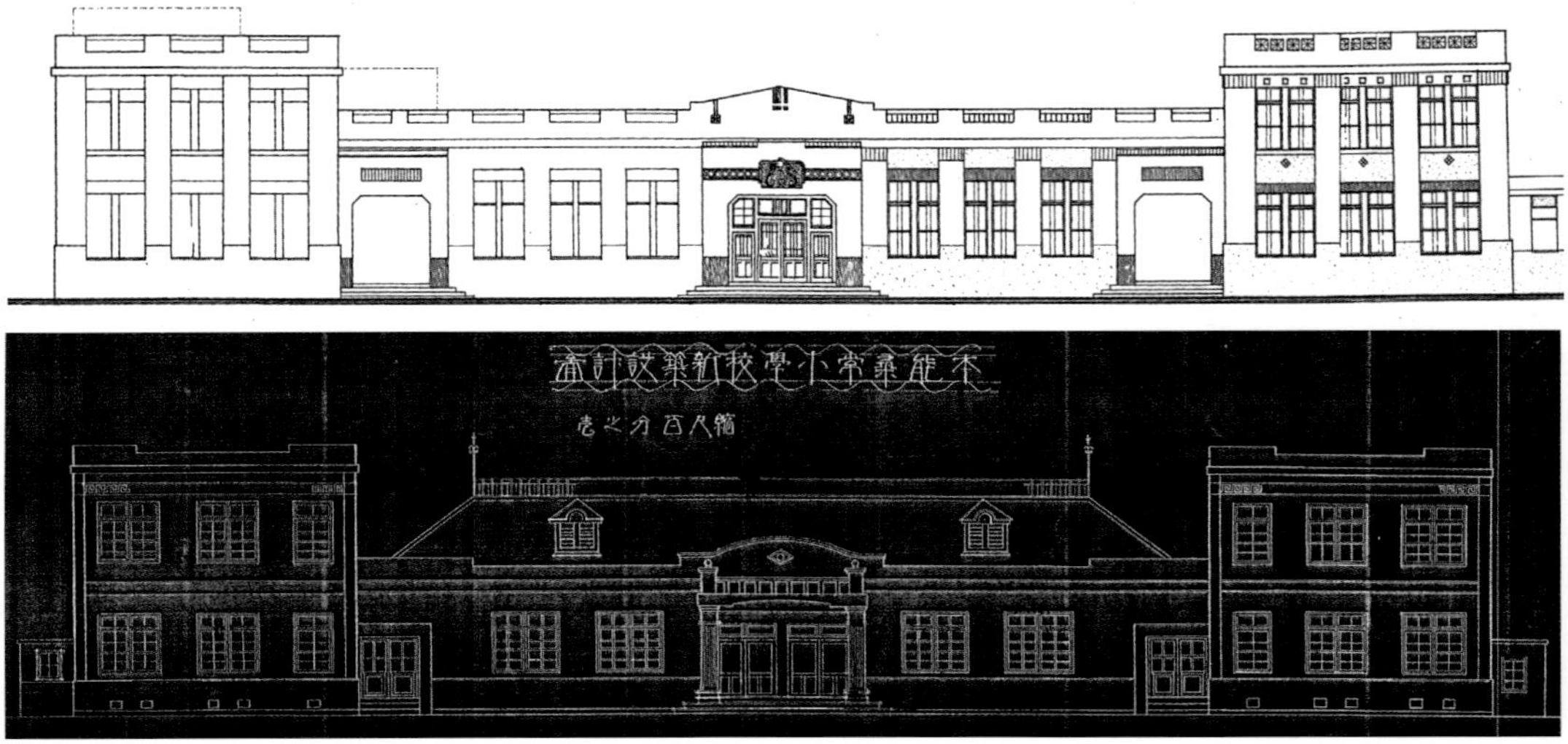

図2-2：本能小学校の鉄筋校舎設計案、採用されなかった外観デザイン（京都市学校歴史博物館所蔵）

以後、京都市中に続々と建てられる鉄筋校舎は、個性的なデザインを内外に持つものが多い。本能校は、後に続く校舎群に鉄筋校舎の可能性を範として示し、実践した最初の事例である［写真4］。

子どもたちにとって学び舎はいかにあるべきか。その答えを探るとき、歴史にも目を向けたい。

写真4：本能校の鉄筋校舎の正面外観(1994/12)

5. 学区の選択

大正末から昭和初期、京都市中の多くの学区では校舎の建て替えが検討されていた。関東大震災は不燃校舎への認識を広げ、昭和御大典の祝賀という時宜も得て、改築の気運は高まっていた。大正12年5月竣工の本能小学校を皮切りに、鉄筋コンクリート校舎への改築が稚松《わかまつ》小学校（同14年7月、写真1）、立誠小学校（昭和2年12月、写真2）と続くなか、他の番組校でも鉄筋コンクリート化を俎上に載せた議論が活発となる。しかし、コンクリート造の導入は順調に進んだわけではない。鉄筋校舎改築に至る学区の逡巡と決断の軌跡を追ってみたい。

梅屋小学校（中京区梅屋町）では、大正15年2月、校舎増改築の議が起こる。一旦は鉄筋校舎による改築案ができたものの、その後も木造校舎派とコンクリート校舎派との間で意見の対立が続いた。木

写真1：大正14年築の稚松校、竣工当時の写真（京都市学校歴史博物館所蔵）

写真2：昭和2年築の立誠校、竣工当時の外観（京都市学校歴史博物館所蔵）

写真3：昭和4年築の梅屋校、竣工当時の外観（京都市学校歴史博物館所蔵）

造派は、閑宮院殿下がご卒業された由緒ある学校にふさわしい品位のある木造校舎にすべき、と主張。コンクリート派はこれに対し将来のことも考え、いたずらに古風にこだわるのは時代遅れだ、と応じた（閉校記念誌『梅屋』）。最終的には鉄筋コンクリート造への建て替えでまとまるが、昭和3年7月の着工に漕ぎ着くまで、募金活動も含めて足かけ3年余りを要した。梅屋校の鉄筋校舎は、翌4年8月に竣工する［写真3］。

桃薗小学校（上京区観世町）における校舎改築までの経緯も興味深い。昭和4年春、同校の校長に就任して間のない松本正男は、学務委員の訪問を受ける。学舎改築の研究をせよとの委員からの指示は、着任早々の松本にとっては寝耳に水であった。こうして、校長を中心に学務委員や学区の議員らによる連夜の協議が始まる。

協議会は、主に二つの問題を議論した。まずは木造かコンクリート造かの選択である。松本校長は、桃薗校の敷地が「袋状」で火災や震災時に逃げ場がない点を大いに懸念していた。思い出してほしい。桃薗校の校地は、明治以来拡張に次ぐ拡張を重ねたが、町家の敷地にも似て大宮通りに面する間口は狭く、西側奥へと随分と深い形状である。この時代、まだ智恵光院通りには達していなかった。今日の避難経路の定石である「二方向避難」ができない校地の形状であった。木造に対する愛着と親しみがまだまだ支配する風潮のなかで、校長は安全性の観点からコンクリート造を強く主張した。

鉄筋コンクリート造と決まった後も難題は山積していた。改築は一部か全面改築か。これにより経費が大きく変わるだけに、議論百出した。当初は古い校舎の改築に留める案で検討が進められたが、なかなか結論には至らない。会議は翌年にまでもつれ込み、さらにその秋まで議論は続いた。

ついに同5年秋、最後の協議会において、これほどの大事業を中途半端なものにしてはならず、後年に悔いを残さぬよう全面改築すべしとの発言におされ、全会一致で全面改築が決定する。「この一瞬の光景は今も私の眼底に残っている」（「校舎改築当時の思い出」『桃薗校百年史』1969年）という松本校長の回想には、学区の心が一つになった瞬間の感動が込められている。

この決定後、改築案の構想のすべては校長に託された。こうしてできたのが「桃薗尋常小学校改築趣意書」（昭和6年2月）である。校舎改築の成否は学区民の寄付金にかかっていた。全面改築に要する巨

図1-1：桃薗校の本館正面予想図。鉄筋コンクリート造による全面建て替えの計画案（昭和6年「桃薗尋常小学校改築趣意書」）

図1-2：桃薗校の北校舎正面予想図。コンクリート造による全面建て替えの計画案（昭和6年「桃薗尋常小学校改築趣意書」）

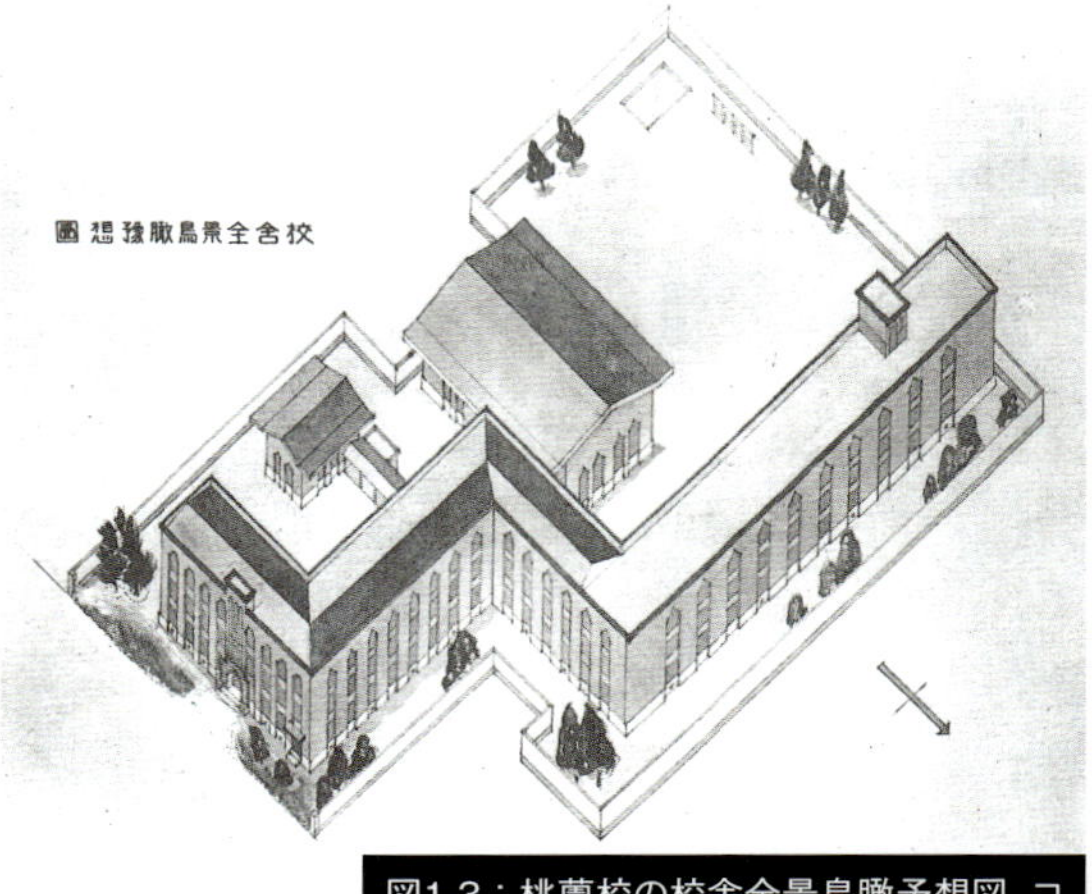

図1-3：桃薗校の校舎全景鳥瞰予想図。コンクリート造による全面建て替えの計画案（昭和6年「桃薗尋常小学校改築趣意書」）

額の建設費は、寄付を頼みにする他はない。趣意書は、最大の難関である募金活動への賛同を呼びかけるために作成されたのである。

桃薗学区は、この時幼稚園の開設という課題も抱えていた。趣意書は、学区多年の希望である幼稚園を伴う改築は、全面改築が妥当であることを力説し、次に鉄筋コンクリート校舎の耐震耐火性能の高さとその必要を強調した。建設資金は40万円を要し、その半額を学区民からの寄付に頼った。

趣意書の後半には改築案が紹介され、間取り図とともに美しい完成予想図が3枚も添えられた［図1］。完成予想図からは新校舎に込めた理想と希望が汲み取れる。縦長の窓の輪郭を強調し、頂部に三角形をあしらった（ゴシック風と呼ばれることもあろう）デザインはかなり斬新である。新校舎は協議会の発足から5年を要して昭和9年3月末に竣工する［写真4］。4月には桃薗幼稚園が開園する。

写真4：桃薗校本館部の正面外観（『改築落成記念帳』1935年）と1994年12月26日現在。京都市建築課設計によるタイル張りを基調としたデザインは、この時期に建てられた清水、西陣、教業の各校でも用いられている

桃薗校の校地（現、西陣中央小学校）は、大宮通りの西側にあって奥に敷地が広がり、当時はまだ旗竿状の敷地である（智恵光院通りまで校地が広がるのは戦後である）。本館棟を大宮通りに面して建て、その裏手に教室棟が接続する。教室棟は校地北側の輪郭に沿って雁行形に並び、南側に講堂と運動場を配置する。敷地形状を最大限生かした構成である（9節図3参照）。

校舎の設計は、大正15年以降、市内の小学校の校舎を一手に担っていた京都市営繕課による（川島智生『近代京都における小学校建築』ミネルヴァ書房、2015年）。三階建ての校舎は、低層の町家が密集する西陣にあって、学区のシンボルと呼ぶにふさわしい威容である［写真5］。

新校舎の前に並んだ子どもたち［写真6］。左右に男女が分かれて学年順に整列している。真ん中に低学年を挟んでいるのがいい。昭和10年1月の竣工記念式の時点で、児童674名、幼児120名とある（『桃薗校百年史』1969年）。「落成

写真5：桃薗校、西側からの遠景（『改築落成記念帳』1935年）。同校右手の三角屋根は、大正3年に建てられた西陣織物館（現京都市考古資料館）

記念帳」を彩る写真らしく、集合写真に写り込んだ新校舎の構図も優れている。

竣工式の4カ月前、室戸台風が関西を直撃する。昭和9年9月、校舎竣工から半年後のことである。「まるで大型台風襲来を予想したかのように完成した新しい校舎が、桃薗小学校の児童や教職員を被災から守った」と、桃薗の閉校記念誌は書いている（閉校記念誌『桃薗』1999年）。

写真6：桃薗校校庭での集合写真（『改築落成記念帳』1935年）

しかし、この台風は木造校舎に甚大な被害を与え、他校では実に多くの児童の命を奪った。

番組小学校の中で、昭和9年までに鉄筋校舎への全面改築を果たしたのは10校程度と多くはない。校舎の鉄筋コンクリート化は学区民に負担を強いる難事業であったからである。しかし、室戸台風の惨禍は、校舎改築の大きな転機となる。

6. 室戸台風の悲劇

「天井が弓なりのように曲がってまいりまして、また教室の床は揺り籠に乗ったようにずいぶん揺れました。（中略）硝子はほとんど壊れてありませんでした。教室を降りて外へ出るのに階段がはずれていました」（『出水校百年史』１９６９年）。

学校名	死者		重傷者		軽傷者		
	教員	児童	教員	児童	教員	児童	計
両洋中	0	19	0	8	0	22	49
西陣小	0	41	1	34	7	233	316
淳和小	1	31	3	57	0	42	134
大内第三小	0	5	1	8	0	64	78
下鳥羽小	0	18	1	19	0	37	75
向島小	2	13	0	14	0	56	85
大藪小	0	5	0	5	0	53	63
八幡小	2	32	3	29	3	53	122
有智小	0	1	0	4	0	18	23
明親小	0	1	1	0	0	22	24
計	5	166	10	178	10	600	968

表1：京都市とその周辺の学校における10名以上の人的被害を出した小学校と被害状況一覧（京都府庁文書「学校関係死傷者調 昭和九年九月風水害一件 秘書課」昭和9年、に基づく植村善博氏の集計（植村善博「室戸台風による京都市とその周辺の学校被害と記念碑」『京都歴史災害研究』No.19、2018年））

昭和9年9月21日、後に室戸台風と呼ばれる大暴風は京阪神地方を直撃。烈風により京都市内の小学校校舎は倒壊が13校、大破や傾斜のため使用不能となった学校が35校に及んだ（『京都市風害誌』１９３５年）。冒頭取り上げた出水《でみず》小学校のように、木造校舎の揺れは倒壊に至らずとも激しく、子どもたちの恐怖は想像に難くない。痛ましいことに、この台風により１１２名もの児童の尊い命が奪われ、６５０名を越える重軽傷者が出た（『京都市風害誌』）。市域周辺の郡部を含めると被害はさらに大きく、児童の死者１６６人、教員の殉職者５名と記録されている［表1］。

この未曾有の大惨事は、登校間もない児童が木造校舎の倒壊等に巻き込まれたためである。

最も多くの犠牲者を出したのが西陣《にしじん》小学校（上京区幸在町）である。明治41年に建てられた木造二階建ての校舎が一瞬のうちに潰れ、５２１人もの児童が下敷きとなり、41名が幼い命を落とした［写真1］。犠牲となった児童は、一階にいた一年生と三年生に集中した（『京都日出新聞』同9年9月22日）。

写真1：木造校舎が全壊した西陣小学校（ラップナウ・コレクション）

西陣校の当時三年生だったおじいちゃんから聞いたという児童の作文が、2001年京都市発行の『夢いっぱい』（道徳指導資料集　第2集）に掲載されている。「明かりがみえた」という題の作文は、おろしたての長靴がうれしく、強風に驚きながらも心弾ませて登校する様子から始まる。教室に着いてしばらくすると、「先生が教室に入って来られてな。おじいちゃんは、新しい校しゃにひなんすることになった。おじいちゃんは大切な長ぐつをはいた、ちょうどそのときやった。二階建ての校しゃがガラガラという、今までに聞いたことのないようなこわい音をたてた。と同時に、目の前のかべが大きくゆがんで、校しゃがたおれたんや」。

三年生の「おじいちゃん」は校舎の下敷きになった。真っ暗な瓦礫の中で小さな明かりが見えた。それに向かって一所懸命に這い、首を外へ出したところを発見され助け出された、のだという。

倒壊した木造校舎の東隣には、竣工目前の鉄筋コンクリート校舎（第一期分）が

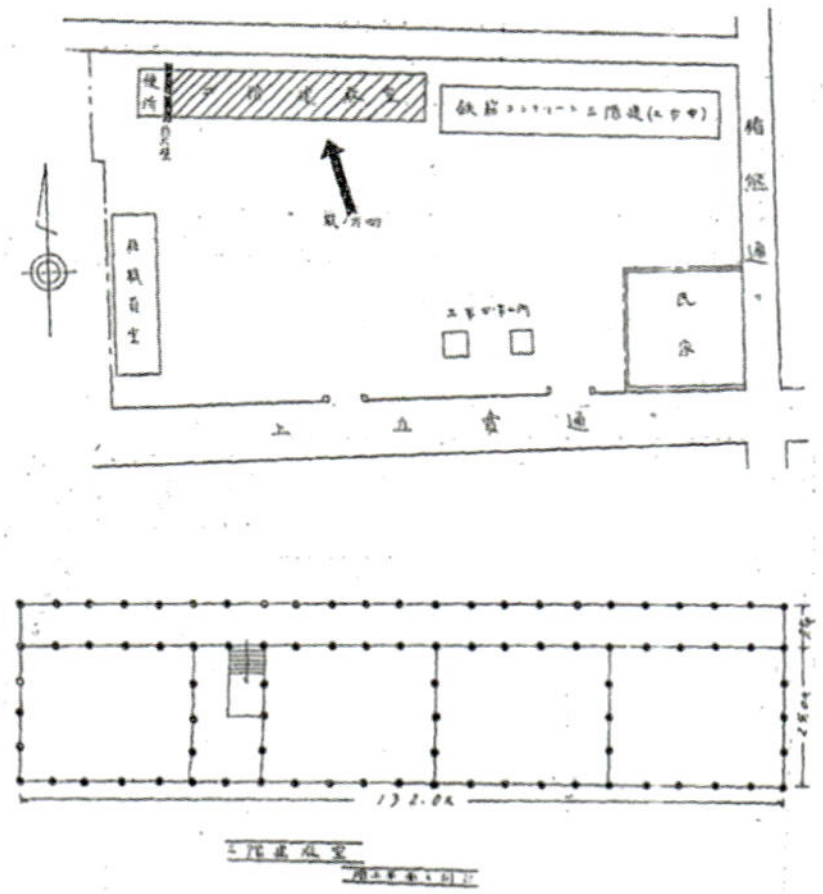

図1：室戸台風で倒壊した西陣小学校木造校舎（斜線部）の配置図と平面図。木造校舎の東側は竣工直前の鉄筋校舎（和田甲一「京都市に於ける風害一般状況報告」『建築雑誌』No.592、1934年）

立っていた（図1、鉄筋校舎は同年10月2日竣工）。「おじいちゃん」が避難しようとしていた新校舎である。西陣校の鉄筋校舎は、無念にも台風に間に合わなかったのである。

一方、西陣校から300メートルも離れていない桃薗小学校では、鉄筋校舎が同年の3月に完成していた。台風当日も、新築校舎においていつも通りの授業が行われていた。「その時刻に私達は何も知らないで、揺るぎない講堂で一年生はピアノに合わせて体操をしてました。又六年生まで教室で朝の授業に励んでおりました。後に災害を受けた学校のお気の毒な、痛ましいお話を聞くにつけても全校生無事でありましたこと、あたかも

写真2：昭和11年12月に完成した西陣校鉄筋校舎遠景（西陣小学校旧蔵）

写真3：西陣校の鉄筋校舎と木造の本館（右手）（西陣小学校旧蔵）

写真4：西陣校鉄筋校舎（現存）。京都で最長の直線廊下。板張の腰壁と木製建具で木造校舎のような暖かみがある。スチールサッシも当初のまま（2008/11/21）

『嵐の中の楽園』とでも申しましょうか、只感謝のほかございませんでした」（『桃園校百年史』１９６９年）。鉄筋校舎の存在が、しかもお隣同士の学校で、これほどに明暗を分けようとは誰が予想できよう。

西陣校の鉄筋校舎は、昭和11年12月、第三期分の竣工をもって完成した〔写真2〜4〕。同校はすでに閉校されて久しいが、校庭に今も佇む校舎の姿は、惨禍の記憶を秘めつつ、重厚で力強く頼もしい。子どもたちの命を守り育む校舎の使命を、時代を超えて語りかけているようにみえる。

「この悲惨極まる一大痛恨事にショックを受けた父兄並びに一般区民から、期せずして、木造校舎に不安感を抱き、鉄筋コンクリート建に改造すべしとの要望が彷彿として起こってきた。（中略）学区会を開催し、全会一致で改築案を決議した」（『小川校百年誌』１９６９年）。

室戸台風による被害と多大の犠牲は木造校舎改築の気運を否応なく高めた。以後、京都市中では鉄筋校舎への建て替えが一気に加速する。

7. 台風からの再起

昭和9年9月21日午前8時20分、室戸台風の直撃により、大藪小学校（南区久世大藪町）では3棟の木造校舎（17教室）が倒壊し、児童・教職員百数十名が下敷きになった［写真1］。校舎とともに押し倒された女教師は、「自分の下に動めく子達に気付き、満身の力を振り出して立ち上がった下から、むくむく這い出した子等の姿を見たうれしさは、今もまだ其のままの実感としてよみがえる。でも頭の先と足元に伏せったまま動かない児童の痛ましい姿は、終生のかなしい思い出である」と回想する（「昭和初期の大藪教育を憶う」『大藪校百年誌』1973年）。同校は彼女の母校でもあった。

大藪校では3年生と4年生の児童5人が死亡、77名の重軽傷者を出す大惨事となった。3・4年生は、最初に倒壊した北部二階建校舎にいた。この校舎は、市中の小学校から昭和3年に購入し移築した老校舎（明治35年築）であった。1年生がいた校舎（中部平屋建校舎）は倒壊が少し遅れたため、全員避難できたのは不幸中の幸いであった。

児童数500人を越える同校において、授業の再開は教室の全壊という事態のなかで困難を極めた。「講堂を四つに

写真1：室戸台風で倒壊した大藪校の校舎（大藪小学校所蔵）

仕切り、役場に二教室、運動場にテント教室、低学年は二部授業、不自由にたえただ夢中で一生懸命、頑張った」（「思い出」『大藪校百年誌』）。「天幕の下で雨の飛沫に濡れ乍ら学んだり、狭い部屋に机をぎっしり詰め込んで身動きも出来ない様な苦しい毎日が続きました。でも皆々必死に頑張りました。それだけに新校舎落成の喜びは格別でした。一年生までが糠袋で毎日床や廊下を顔の写る程に磨きこんだものです」（「私の想い出」『大藪校百年誌』）。

京都市では、台風一過の当日午後1時から市教育部長室において緊急聯合幹事会を開き、倒壊小学校への対応を協議し応急対策を決定。直ちに各学校長へ通達した。具体的には、速やかな授業開始をめざして、特別教室、講堂、屋内体操場などの分割利用や二部授業を指示した。それが不可能な場合については、付近の学校、寺院、民家等を利用すること。さらにはバラック校舎を急造してこれに充てること。バラック建設までは野外授業によるも差し支えない、というものであった（『京都日出新聞』昭和9年9月22日）。

野外授業は、下鳥羽小学校（伏見区下鳥羽長田町）においても実施されている（『京都日出新聞』9月25日）。同校においても木造校舎が全壊し、18名もの児童の命が失われた（『京都市風害誌』1935年）。天幕張りによる露天教室で、トタン屋根のバラック校舎が建つまでの間、深い悲しみの中で非常なる努力が続けられた。

京都市は、応急対策を講ずる一方、小学校校舎の復興を重視し、校舎の改築に向けては鉄筋コンクリート建てにする方向を打ち出す。当時の市営繕課長は「今度倒れた校舎は何れも古いものであり、殊に編入市域のものが多かった。木造建築の老朽なのは危険である。今度新しく建築するとなれば是非コンクリート建にしたい」と述べている（『京都日出新聞』同月24日）。

この市の方針は、少なくとも講堂、もしくは1校に1箇所程度の避難所を兼ねた鉄筋校舎を設備する方策へと具体化されていった（『京都日出新聞』10月8日）。

市中の番組校では、室戸台風の以前から鉄筋校舎への建て替えが各所で始まっ

写真2：工事中の大薮校の復興校舎（昭和11年竣工、同校所蔵）

写真3：竣工した大薮校の木造の復興校舎（昭和11年竣工、同校所蔵）

ていた。台風の後はその動きが加速し、番組校のほとんどが戦前のうちに鉄筋造への改築を終える。

台風を機に状況が一変したのが、市の営繕課長が危険性を指摘した編入市域の元郡中小学校であった。これらの学校では、台風で傷んだ校舎を修復しつつ、教室棟の一部、あるいは講堂を鉄筋造へと新築した。鉄筋校舎を一部に組み込むという市の方針に沿った改築であった。この時期、市内では鉄筋造による校舎の復興が一斉に進められたのである。

しかし、冒頭に取り上げた大薮校は、当時はまだ乙訓郡で市への編入は戦後まで遅れる。同校では、昭和11年に竣工した復興校舎は木造で建てられた［写真2］。子どもたちがうれしさの余り毎日糠袋で磨きこんだ校舎である。

室戸台風は校舎のコンクリート化の歴史を早めた。しかし、その取り組みは郡部までは届かなかった［写真3］。

8. 京都独自の鉄筋校舎

京都市内には、戦前に建てられた鉄筋コンクリート造の小学校校舎が多く残る。この点は他都市にはない京都の特色であり、古都の誇りでもある。これらの多くは元番組小学校で、個性的な意匠を内外観に備えた校舎が多く、京都の景観に彩りを添えている。市中の戦前校舎は、その点で早くから関心を呼んでいた。

しかし、これら鉄筋コンクリート校舎の特徴は、実はそのプランにある。京都市中において明治大正期に建てられた木造校舎は、「本館正面型」の校舎配置と呼ぶべき特徴を共通にもっていた。では、木造校舎に認めるこのような共通点は、鉄筋校舎にはあるのか。鉄筋校舎の多くは、これら木造校舎の建て替えにより生み出されたが、それらは前身の木造校舎とは形も意匠もそしてプランも全く異なる、ように見える。でも、実際はどうなのか。昭和戦前期に建てられた鉄筋校舎のいくつかについて、それ以前の木造校舎と比較してみたい。

戦前の鉄筋校舎は、すでに取り上げた本能小学校を除けば、京都市営繕課（当時）の優秀な技師によって設計されている（川島智生『近代京都における小学校建築』２０１５年）。市役所内に保存されている当時の設計図は、和紙に烏口《からすぐち》という当時の製図用具で精密に描かれていて、これ自体文化財的価値の高いものである。設計図を一覧すれば、校舎のプランや外観、建物の配置などが実に多様であることに改めて驚くが、これらを分類しつつ調べてゆくと、木造校舎から鉄筋校舎への改築過程の中に、興味深い事例があることに気付いた。

まず、教室棟のみが鉄筋コンクリート校舎に建て替えられたものがある。正親《せいしん》小学校（上京区菱丸町）と西陣小学校（上京区幸在町）がその代表例である。正親校では、昭和12年に木造の教室棟がL字型の鉄筋校舎に建て替えられた［写真1］。その際、昭和5年に改築されていた木造

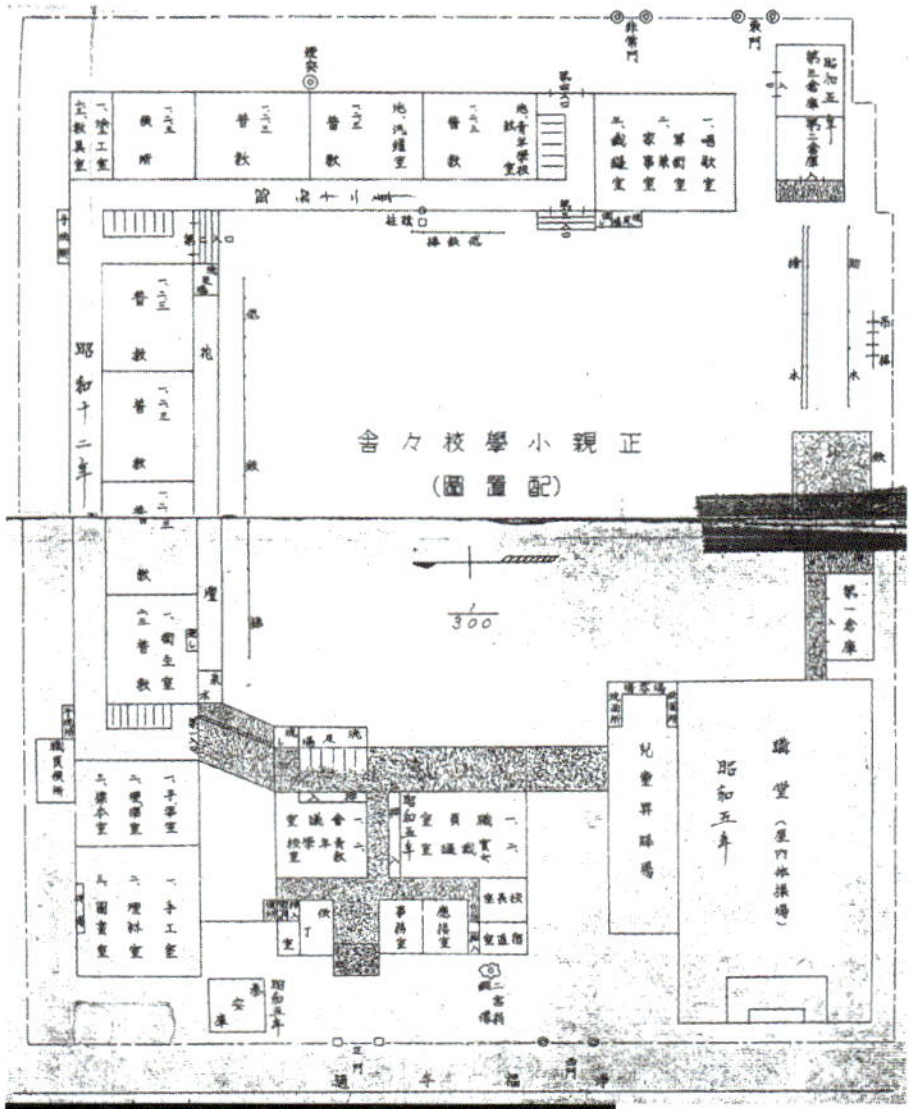

図1：正親小学校校舎配置図（『正親校沿革誌』）。昭和5年建築の本館が残され、昭和12年新築の鉄筋校舎（教室棟）と連結された

写真1：昭和12年に竣工した正親校の教室棟（正親校所蔵）

二階建ての本館がそのまま残され、鉄筋校舎と接続された［図1］。木造の本館が校門の正面に留まり、学校の顔としての役割を戦後の昭和40年代まで発揮し続けた［写真2］。結果的に、全身がタイルで覆われた新築の鉄筋校舎は、長らく表からは余り目立たぬ存在となっていた。

西陣校では、昭和9年3月から鉄筋校舎への建て替え工事が始まる。第一期工事である東棟の竣工直前、木造校舎が室戸台風で倒壊し多数の犠牲者を出したこ

写真2：正親校の木造本館（昭和5年竣工）と鉄筋コンクリート造の教室棟（昭和12年竣工）（正親校所蔵）

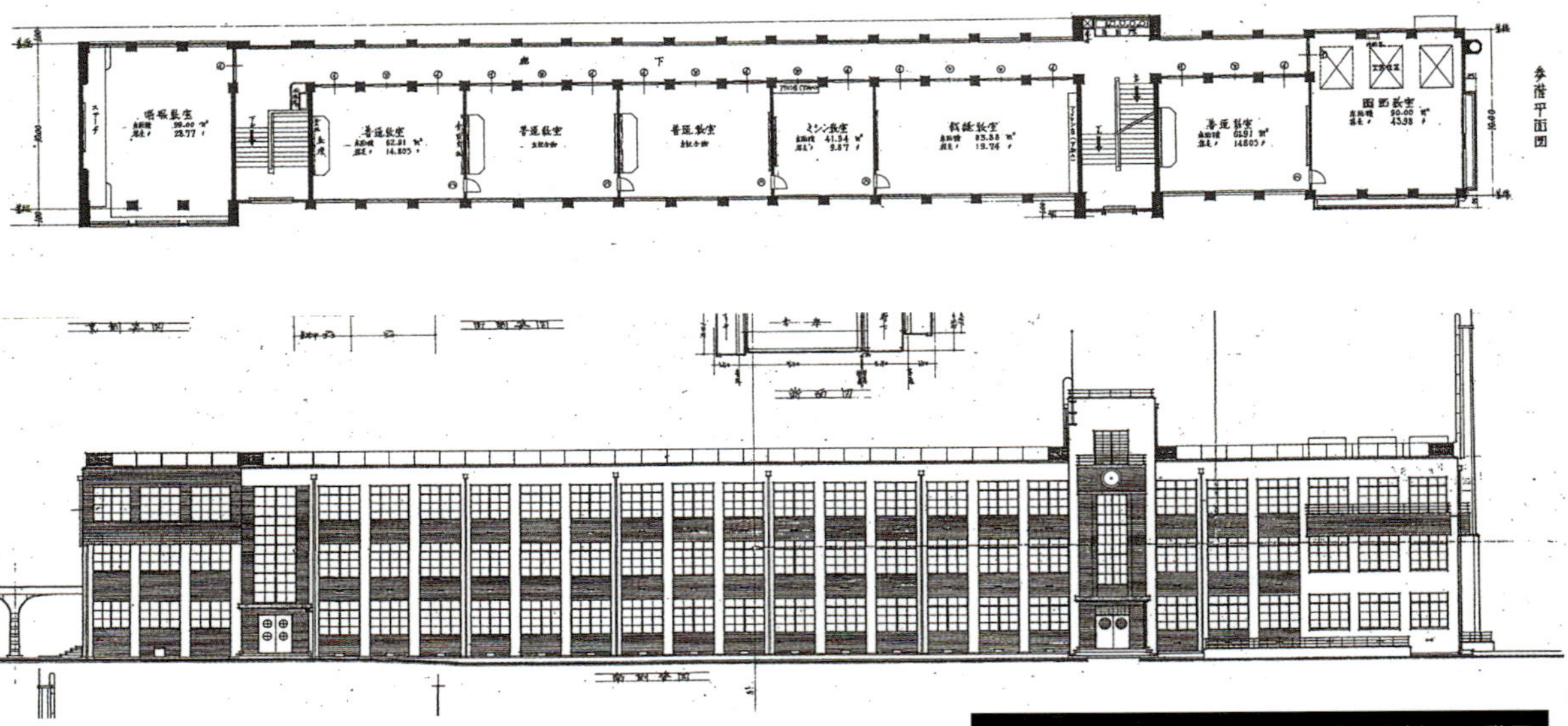

図2：西陣尋常小学校改築工事設計図（上：三階平面図、下：南立面図、京都市営繕課、京都市所蔵）

とは先に述べた。翌10年の西棟竣工で完成した鉄筋校舎は全長が81メートル。教室が一直線に並ぶ大型校舎である［図2］。

その翌年、これとは別に木造の本館が教室棟の前面に新築された［写真3］。正親と西陣両校は、鉄筋コンクリート造への建て替えにおいても木造の本館形式が温存され、本館正面型の校舎配置が踏襲されたのである［写真4］。

教室棟と本館がそのまま別々に鉄筋造へと改築された事例もある。郁文《いくぶん》小学校（下京区綾大宮町）がそれである。郁文校では、昭和3年に教室棟が、同12年に本館棟がコンクリート造へとそれぞれ改築された。教室棟は市内では珍しい四階建てで、内部にはスロープが設けられていた点も注目された。子どもたちの避難にスロープは有効と考えられていたが、実際にはその後スロープは明倫小学校（昭和6年築）と桃薗小学校（昭和7年築）の鉄筋校舎でのみ採用されるに留まった。階段に比べて長いスロープは、その分広い面積が必要だからであろう。現在は明倫校（現京都芸術センター）が唯一それを残している。

郁文校に話を戻そう。コンクリート造の本館が新築されるまで、大正時代の木造本館が使われていた。本館を独立させる構成が、構造形式を新たにしながら引き継がれたというわけである［図3］。本館は三階建て、一階は校長室をはじめ応接室や職員室などが中廊下の左右におかれ、二階は和室の作法教室や図画教室などの特別教室、三階は広い講堂であった。

弥栄小学校（東山区祇園町南側）も、郁文校と同様に、教室棟と本館をそれぞれ鉄筋造で建て替える計画が進められた［図4］。昭和12年から13年にかけて教室棟と屋内体操場が完成。これに第3期工事として独立した鉄筋造の本館部が増設されるはずであったが、資材不足などで本館は木造に変更された。とはいえ、本館が校地の前面に配置される形が鉄筋校舎に引き継がれた。弥栄校の鉄筋校舎は、

写真3　西陣校の木造本館（右手）と鉄筋造の教室棟（西陣小学校旧蔵）

写真4　西陣校の木造本館の外観（現存、2014/7/25）

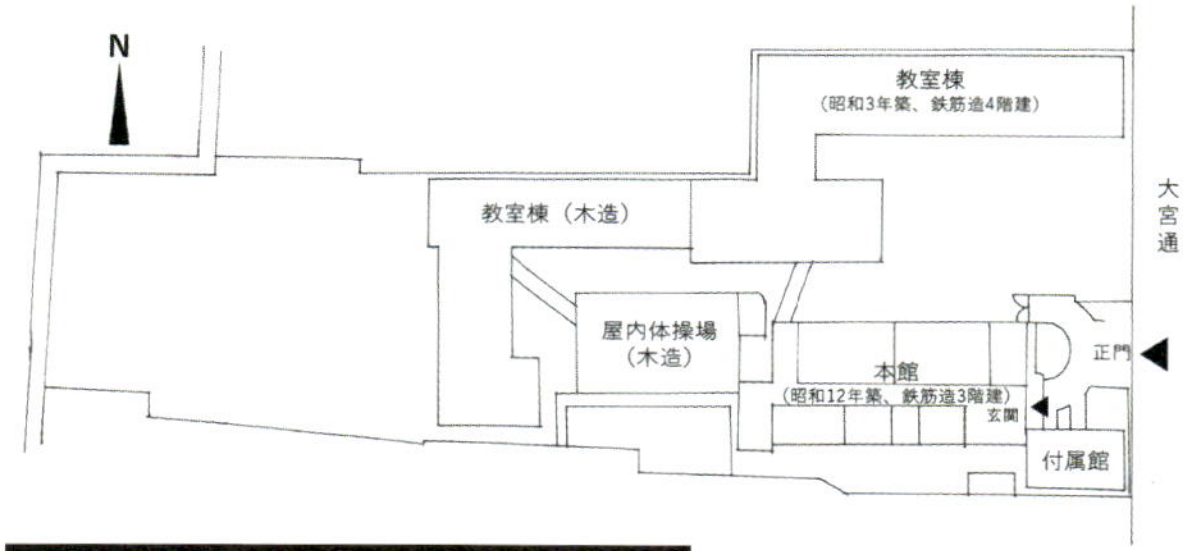

図3：郁文校校舎配置図（昭和10年「郁文尋常高等小学校改築工事設計図」京都市営繕課、京都市所蔵、を元に作成）

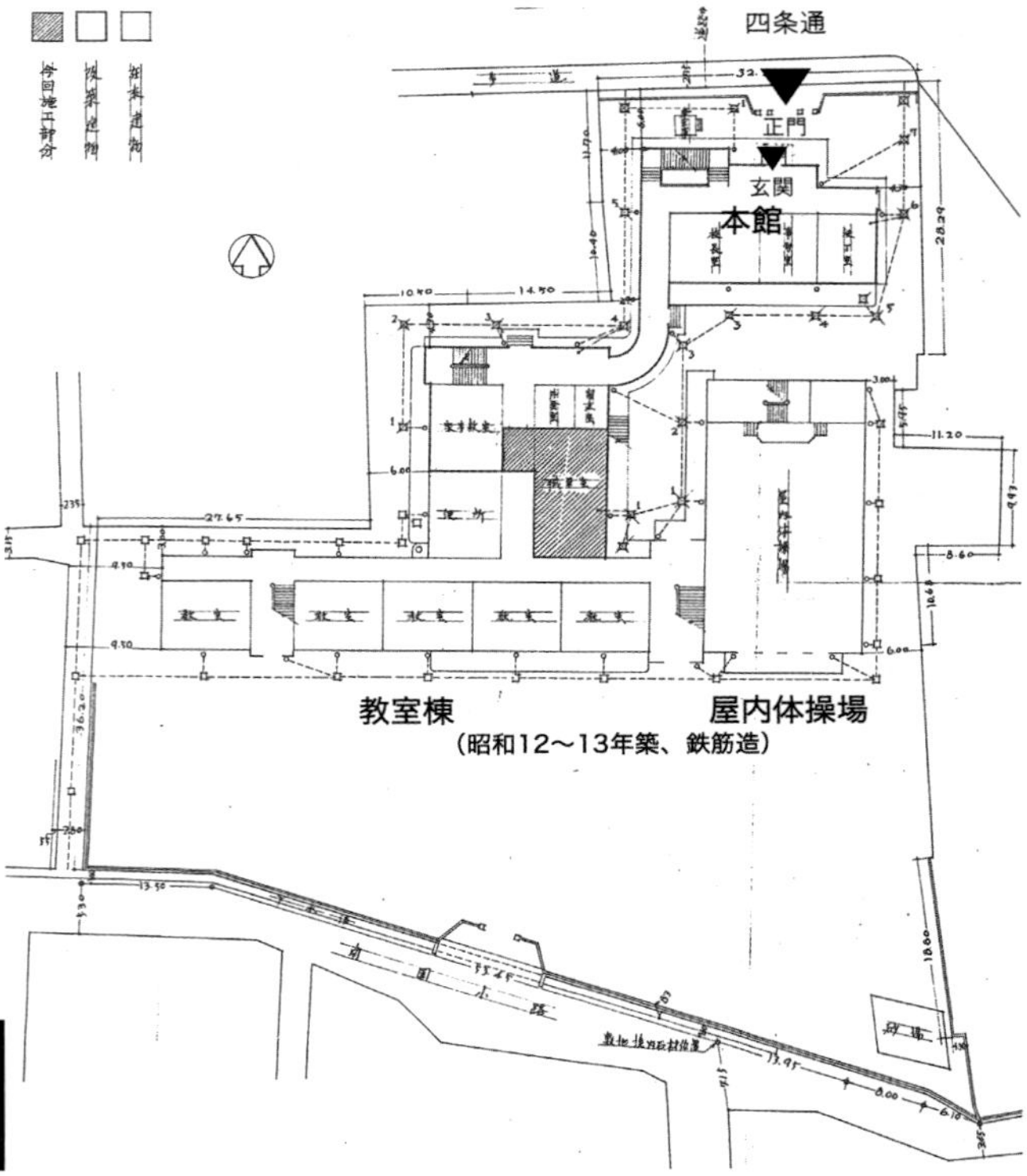

図4：弥栄校校舎配置図（昭和12年「弥栄尋常高等小学校改築工事設計図」京都市営繕課、京都市所蔵）

戦後は長らく弥栄中学校として使用され、２０１０年に閉校したが、２０１６年に漢字ミュージアムがこの地に開設されるまで残されていた。

これらの学校は、いずれも本館を独立建てとする校舎プランで共通する。鉄筋校舎のプランに、木造校舎の定型が受け継がれた好例である。なお嵯峨小学校は、昭和57年に鉄筋コンクリート造で建てられた独立建ての本館である。その正面には昭和10年築の木造本館の玄関を付設していることも指摘した通りである。

本節で取り上げた学校を除けば、多くの鉄筋校舎は棟続きの一体的な鉄筋校舎である。では、本館を分けない一体型の校舎プランに、木造校舎の伝統は見いだせるのか。これが次の課題である。

9. 木造校舎の伝統

戦前の京都市中に建てられた小学校の鉄筋校舎は、棟を分けない一体型の形式が多い。このタイプの校舎は、独立の本館を正面におく木造校舎の伝統とは無縁のようであるが、どうであろう。

明倫小学校（中京区山伏山町）の鉄筋校舎は、昭和3年、昭和天皇の御大典を記念して木造校舎の全面改築が決議され、同6年に校舎全体が一度にできあがった。不況下ではあったが祇園御霊会の山鉾を13基有する富裕な学区である。改築に向けては40万円を超える寄付金が集まり、積立金18万余円を合わせて総額58万円余りが投じられた（「建築の概要と設備の大要」1931年）。昭和5年1月着工、翌6年10月に全校舎が竣工。明倫校は1993年に閉校するも、同校の鉄筋コンクリート校舎は京都の戦前校舎を代表する建築として残され、2000年から京都芸術センターとして活用されることでその知名度をさらに高めている。

室町通に正面を向ける明倫校の校地は、間口は狭く奥行きが深い。しかも奥に広がる旗竿型の形状である。ゆえに、室町通に面する表側に「本館」を建て、校地の奥（東側）には運動場と、これを挟むように二棟の教室棟（「南・北校舎」）が続く。この三棟が相互に連結する校舎配置である［図1］。

本館は、一階には学務委員室や校長室、応接室、会議室などが中廊下の両側に並び、雨天体操場が奥に続く。二階には広い講堂（正面にチーク製の演壇を据え、その正面には御真影奉安庫）と78畳敷で純和風書院造の集会室がある（和室はもう一つ、四階に書院造の作法教室がある）。このような本館の存在と、本館と教室棟を校地の前後（表と奥）に接続する校舎配置は、一体型校舎でありながら、本館を核とする木造時代の校舎配置の原則に沿うものである。明倫校の鉄筋校舎は、木造時代の校舎プランの理念を、校地の形状に合わせて巧みに翻訳したものと見ることができる。

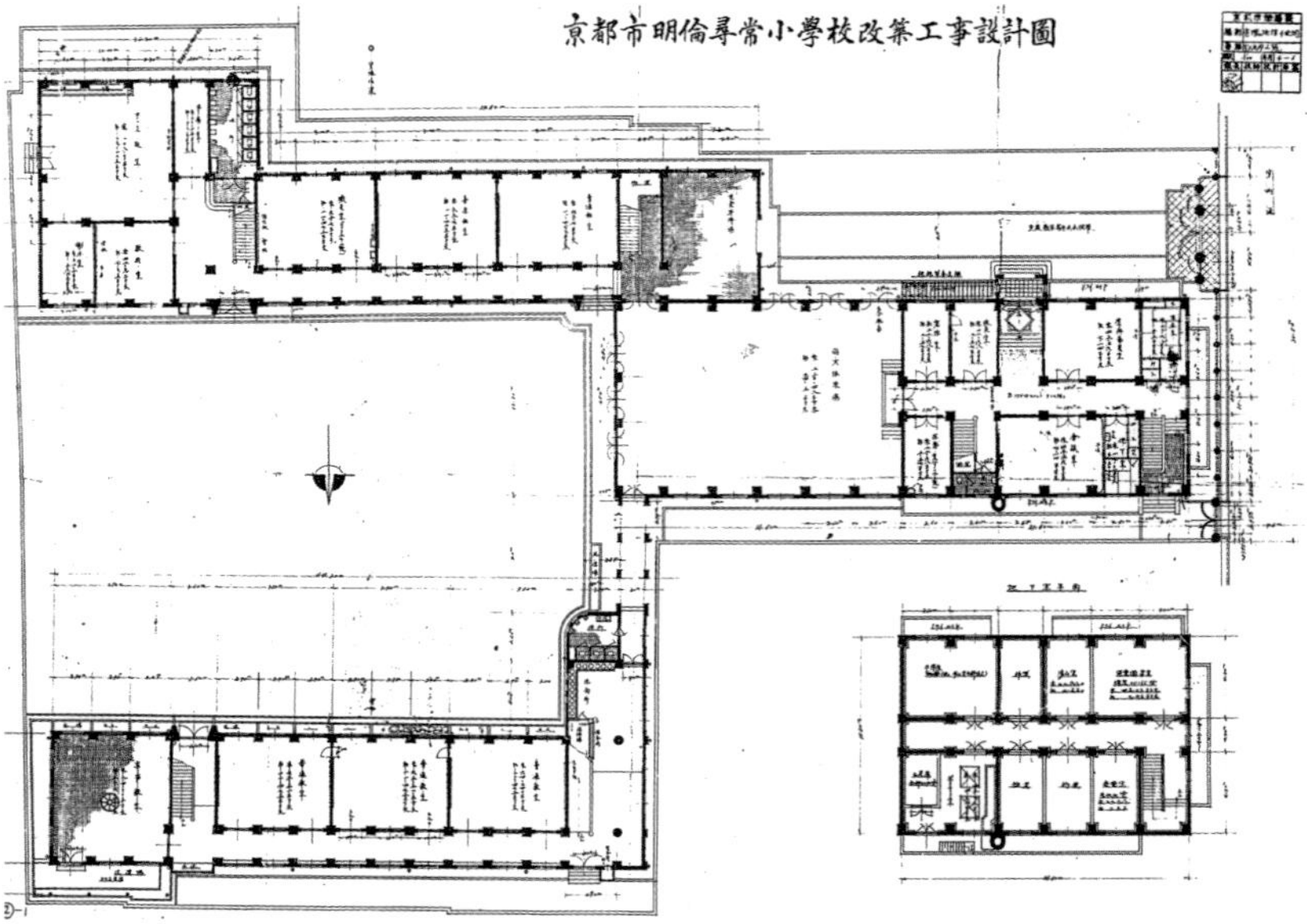

図1-1：図面右側（西側）の棟が本館棟。左手、運動場を挟んで南北に教室棟を配置している。明倫校一階平面配置図（昭和4年「京都市明倫尋常小学校改築工事設計図」より、京都市所蔵）

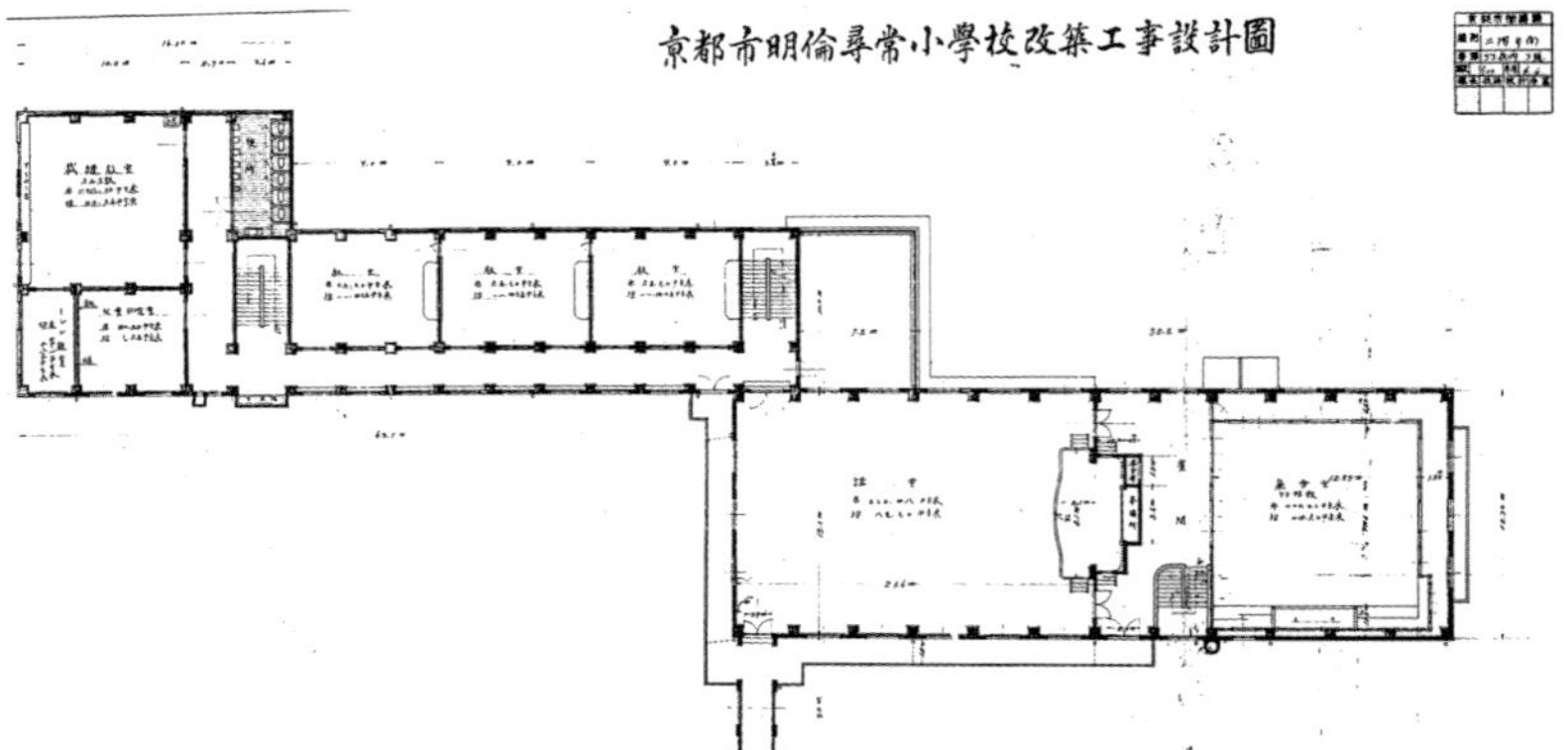

図1-2：本館棟の二階には階段と広間を挟んで78畳の書院造の集会室と講堂がある。明倫校二階平面配置図（昭和4年「京都市明倫尋常小学校改築工事設計図」より、京都市所蔵）

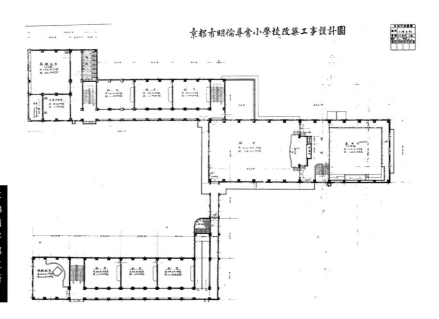

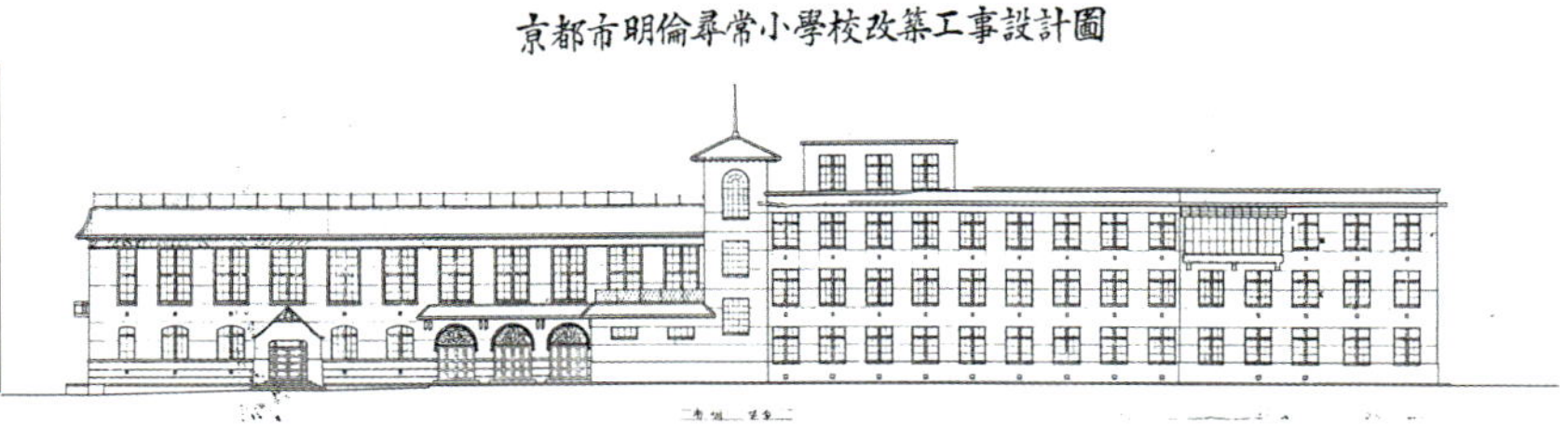

図2：図面の左手（西側）が本館棟、右手が教室棟である。明倫校南側立面図（昭和4年「京都市明倫尋常小学校改築工事設計図」より、京都市所蔵）

写真1：明倫校本館棟外観（現京都芸術センター、2018/4/25）

木造時代の本館（あるいは講堂）は、玄関を張り出させ、唐破風や千鳥破風を軒に飾るなど、校舎の中で格段に立派に造ることを常とし、校舎群の中軸を占める存在感を強調していた。明倫校におけるコンクリート造の本館棟も、スパニッシュ風の瓦庇を四方に巡らせ、軒裏には和風の舟肘木を模した持ち送り（木製）を並べ、通りに向かって張り出すバルコニーの手摺には和風の擬宝珠をあしらい、一階の窓は緩やかな弓形アーチを施すなど、外観は華やかである［写真1］。設計図書には「東洋趣味を加えたる近世風」とある。和風のモチーフが散りばめられた所以である。それに対して、裏手の教室棟は縦長の窓が連続するシンプルな外観である［図2］。明倫校の鉄筋校舎は、外観意匠の点においても、木造校舎のセオリーをよく継承している。

明倫学区域は古くから下京の中心地として栄え、室町の呉服問屋街である。故に過密で地価も高く、小学校の校地確保には常に大きな制約が伴った。旧校地の最奥部分（東側）の狭い校地からスタートした明倫校は、明治8年、西側の土地493坪を購入して室町通側に正門を移し、その後も、既往校地の北側に225坪の土地を購入する（明治34年）など校地の拡張を続けたが、正門がある室町通に沿う間口が狭く、奥に膨らんだ今日に続く校地形状の基本形は変わらなかった（I部7節の図3参照）。本館を正面に置いた明倫校の校舎配置は、多分に校地の形状に規定されているのである。

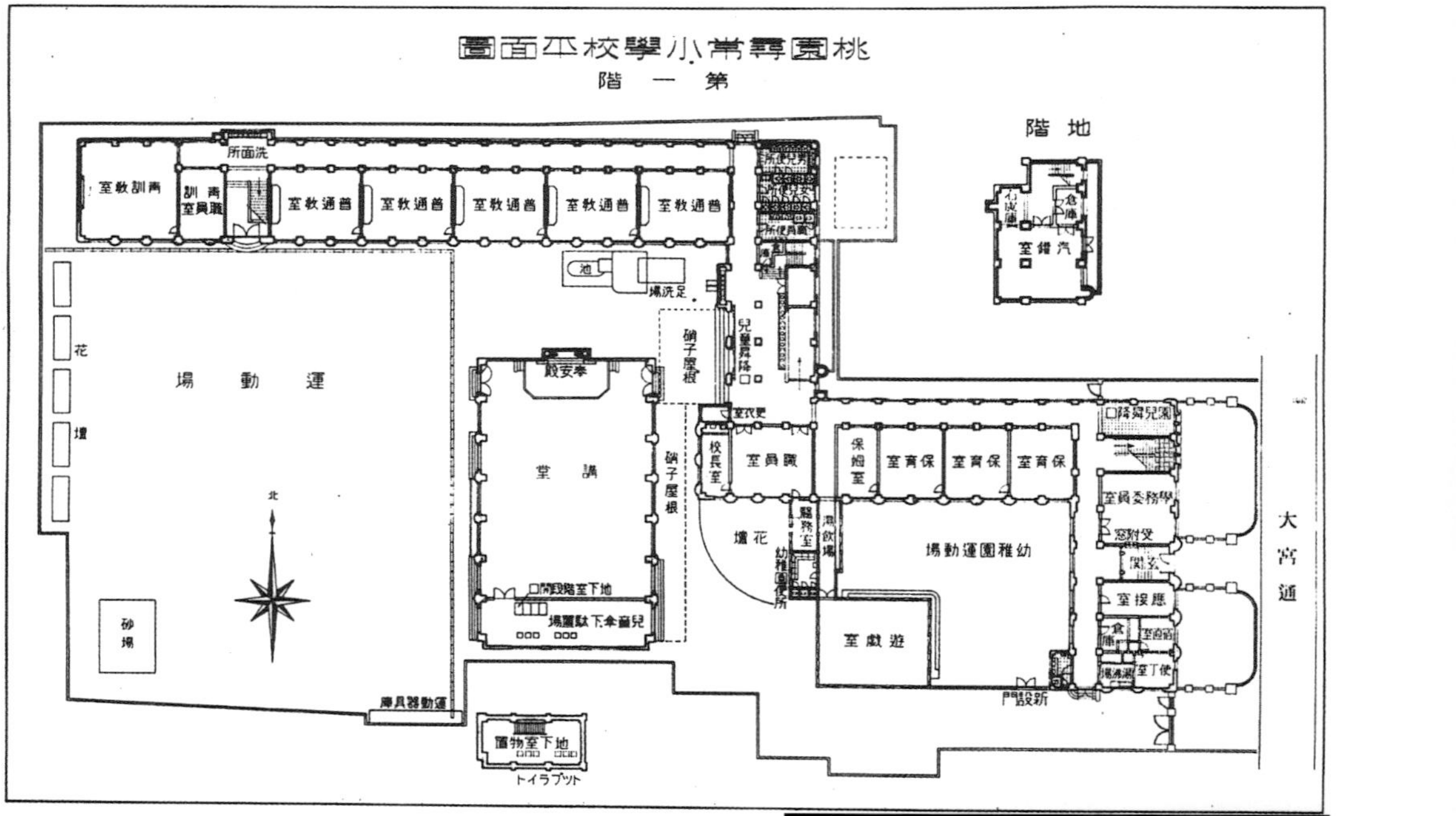

図3：右手の大宮通に面して本館棟が立つ。桃園小学校一階平面配置図（『改築落成記念帳』1935年）

桃園小学校（上京区観世町）の校地拡張についてもすでに述べているが（Ⅰ部7節の図4参照）、本節の観点から振り返ってみよう。今出川通から大宮通を上がるとほどなく西側に桃園校の正門がある（現西陣中央小学校）。大宮通に面する桃園校の校地は明治2年の開校以来、戦後にいたるまで20回以上もの校地の拡張・整備を繰り返したが、南は今出川通、北は五辻通に挟まれているために南北に広げることが難しく、拡張は主として大宮通から発して一筋西側の智恵光院通へと向かった。東西に長い校地の形状は今日も引き継がれている。

昭和7年〜10年にかけて全面改築された鉄筋コンクリート校舎は、建築費、施設備品費合わせて45万円に達したが、明倫学区と同様、西陣の織屋地区を擁する富裕学区の資金力ゆえであろう、学区債15万円、積立金等3万円、残額は学区民からの3年分割の寄付金により賄われた。

鉄筋校舎は一棟続きながら、校地の北側に寄せつつ雁行形に建てられている。大宮通に面しては、南端に児童や園児のための通用口を細く残し、間口の大半を使って校舎を大宮通に向けて建て、この部分を本館としている［図3］。本館は、玄関の両側に学務委員室と応接室、二階に会議室と和室の作法教室（40畳敷の作法室と12畳の次之間からなる）で構成されている。講堂は別棟である。

　桃薗校の本館は、特に大宮通に面する外観のデザインの密度が高いことは、教室棟と比較すればよくわかる。タイルを多用し、丸窓をあしらい、階段室の外側には窓の上下（庇と窓台）に細かく水平線を繰り返し、外観にさまざまなアクセントを添えている［写真2］。桃薗校においても、明倫校と同様に本館棟を表通りに面して建て、裏手に教室棟が接続し、本館正面型の校舎配置が継承されている。奥行の深い校地形状という点も類似する。

写真2：桃薗校の本館正面。解体直前に撮影（1995/6/23）

　一方、清水小学校（東山区清水二丁目）は、これら2校のような間口が狭く奥行きが深い校地とは異なる敷地条件で建てられた鉄筋コンクリート校舎の事例である。というのも、清水校は、鉄筋校舎を新築する際に校地をそれまでの東山区毘沙門町から現在地に移し、校名も安井尋常小学校から清水尋常小学校と改めた。新校地は東山の裾野、西側に降るなだらかな傾斜地である。移転当時人家はなく、空地であったことは当時の古地図から窺える。清水校は、高密な市街地に立地する先の2校とは大きく異なり、市街地の縁辺部に新規に校地を求めた郊外移転型の学び舎なのである。

校地は西側が低いためここに運動場を確保し、東側には校庭を取り囲むようにして校舎をコの字形に配置する［写真3］。中庭のごとき校庭には高低差を生かして大階段を配置。校庭の階段と一体となった校舎形状は清水校独自であり最大の特徴になっている［図4］。校舎の南棟、運動場から眺めると右手前の棟が本館棟である。その奥（東側）に講堂を兼ねた屋内体操場が連なり、さらにその北側に教室棟がL字型に中庭を囲んで配置され

写真3：清水小学校竣工写真、右手（西南側）が本館部分（昭和8年築、同校所蔵）

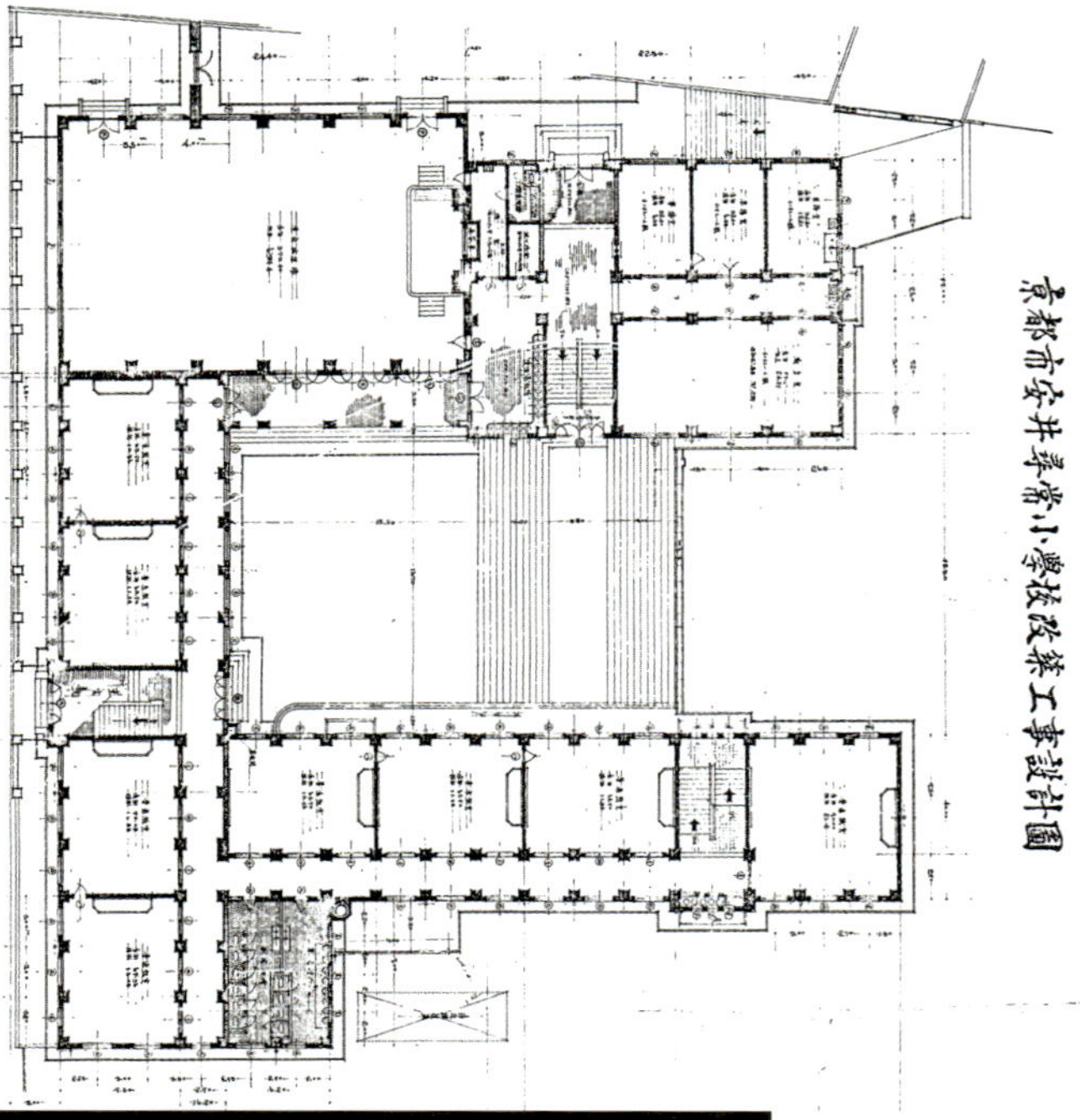

図4：中庭を囲むコの字型校舎の左下（西南部）が本館棟。その右手（東側）は講堂を兼ねた屋内体操場（昭和7年「京都市安井尋常小学校改築工事設計図」より、京都市所蔵）

写真4：右手が清水校の本館。外壁はタイル張り、短いスパニッシュ瓦の庇を巡らせ、三階にアーチ型の窓を並べる。中央と左が教室棟。教室棟の中央にはスパニッシュ瓦屋根を載せた塔屋がそびえる（1994/12/27）

ている。

本館棟は、校地南側のほぼ中央にある正門の正面に置かれている。本館の位置は正門との関係で決定されているといってよい。清水校は、校地の形状も立地条件も先の2校とは異なるものの、校舎配置の原則は本館正面型の伝統を踏襲しているのである。

コの字形に張り出した左右の棟は明らかにデザインが異なっている。向かって右手の棟、すなわち本館は外壁にタイルを張り、軒には短いスパニッシュ瓦の庇を巡らせ、三階にアーチ型の窓を並べて装飾性に富む。この棟が校舎の中核をなす棟であることが一目で了解される［写真4］。

清水校の場合、正門から入ると広い運動場が左手に広がり、運動場からはコの字型の校舎の全貌が見渡せる。この点は街中に立つ明倫校や桃薗校との違いである。それゆえ、清水校では本館に加えて、コの字型校舎の中央部や北側の教室棟も楽しくデザインされている。スパニッシュ瓦の庇を回し、三階部には窓の間に焦茶色の横板を何段も張り回す。どこかコ

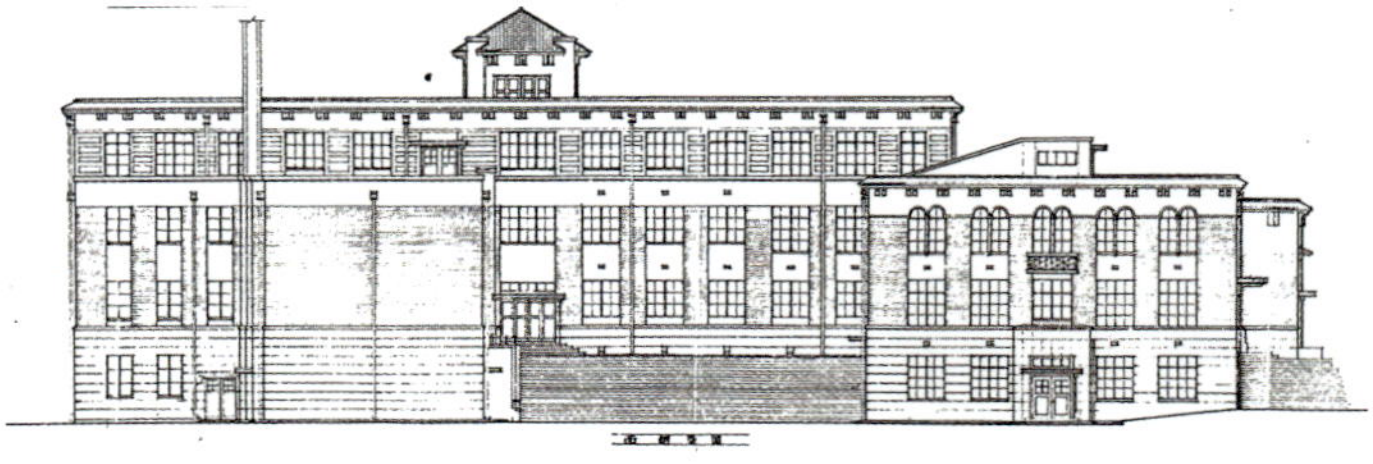

図5：右手が清水校の本館。中央が東校舎棟。その中央にスパニッシュ瓦屋根を載せた塔屋が聳える（昭和7年「京都市安井尋常小学校改築工事設計図」より、京都市所蔵）

テージ風の趣を醸し出し、さらにはスパニッシュ瓦で寄棟屋根の塔屋を屋根に載せて欧風調を一層強調している［図5］。東山山麓の高低差を巧みに取り込んだ清水校の校庭と校舎の造形は、敷地の特性を最大限生かしている。そんな郊外立地型の学舎にも本館正面型の校舎配置が読み取れる点が興味深い。

この時期、京都市中には、両校をはじめ流行の建築意匠を採り入れたモダンな校舎群が次々に建てられた。その多彩で個性的な意匠は、これら鉄筋校舎の魅力となっている。しかし、戦前の鉄筋校舎をよく見れば、その多くは実は木造校舎に倣い、木造校舎の系譜に連なっていることに気付かされる。意匠や構造の違いを越えて息づく木造校舎の伝統形式こそ、戦前期京都の学び舎最大の特徴である。鉄筋コンクリート校舎の重厚な佇まいは、明治以来、一貫して継承された伝統の重みと厚みでもある。

10. 和風の鉄筋校舎

弥栄小学校（東山区祇園町南側）の鉄筋コンクリート校舎については、先に本館を独立させた計画に特徴があると指摘した。コンクリート造による本館建設は、結局資材不足によって木造に変更されたために、当初の計画は未完となった点は惜しまれるが、弥栄校に関心を寄せるべきはそれに留まらない。

弥栄校の鉄筋校舎は和風であった。戦前期に建てられた番組校の鉄筋校舎で唯一、和風を基調にデザインされた［写真1］。四条通りの東端に立つ八坂神社西楼門の門前という立地がそうさせたのであろうか。弥栄校から南にほど近い弥栄会館の和風意匠に歩調を合わせたのかもしれない。弥栄会館は、弥栄校より少し早く昭和11年に建てられた鉄筋コンクリート造五階建てで、銅板瓦が幾重にも重なる外観は、弥栄校の位置からもよく望むこと

写真1：弥栄校の鉄筋造の教室棟、南側の外観。中央の階段室と右手の屋内体操場は和風の屋根を持つ（昭和12年築、1995/5）

写真2：弥栄校の塔屋からから望む弥栄会館（2012/2/29）

写真3：弥栄校の階段室外観、軒下には飾り金具（2013/5/24）

ができる［写真2］。

弥栄校の鉄筋校舎は、南側（校庭側）からその全景が良く見えた（写真1参照）。中央の塔のような部分が階段室で、その左手（西側）が教室棟、右手（東側）が屋内体操場である。教室棟は本来三階建てであるが、戦後児童数の増加に応じて屋上に教室が増築されていた。

何と言っても階段室の頂部に載る銅板瓦棒葺き寄棟造の屋根が印象的である。教室棟四階の増築教室がなければ、さらに印象深い眺めであっただろう。屋根の軒下には飾り金具も取り付けられて、和風の装飾性を高めている［写真3］。階段室の上部に屋根が載り、四階建てとして頭を突き出しているのは、教室棟の屋上に出るための塔屋（ペントハウスとも呼ばれる）を作るためである。ペントハウスの内部も面白い。勾配屋根の輪郭に沿って、反りのあるユニークで不思議な屋根裏空間が創出されている［写真4］。

和風屋根を持つ階段室の配置について、弥栄校を調査する中でわかったことがある。階段室はこの位置でなければな

写真4：弥栄校の階段室頂部、屋上への出入口である塔屋（ペントハウス）内部。和風の屋根に沿った独特の空間（2013/5/24）

らなかったのだ。弥栄校の階段室から南を眺めたとき、まず弥栄会館の屋根が目に飛び込んできた。が、同時に会館の東側を南へとまっすぐに伸びる一本の道の存在に気付いた。御陵前通りである。通りの両側にはお茶屋が立ち並んでいることも一目瞭然である。とすれば、御陵前通りに立って逆に北を眺めれば、その中心点に階段室の屋根が収まるはずではないか。実際、その通りであった［写真5］。

　弥栄校の外観デザインは、祇園町南側の花街からの眺望を意識して計画されているに違いない。それも、御陵前通りを念頭におき、そこからのヴィスタを基点にすえたと考えて間違いないであろう［図1］。弥栄校の和風意匠は、祇園町南側の茶屋街との景観の連続性を図るためのものであった。

　ヨーロッパの都市では、人の視線を受け止めかつ楽しませるために、大通りの軸線上、アイストップの位置にシンボリックな建築やオブジェが配置される。パリのオペラハウスなどは典型例であろう。京都法観寺の五重塔（八坂の塔）が狭い通りの先に佇む姿も有名である。塔が通り景観を印象的なものにし、塔自身の姿もより魅力的に見せている。

　祇園町南側を含む弥栄学区において、寄棟屋根を冠した弥栄校の階段室は、学び舎の存在をよりシンボリックなものとしている。あわせて花街の景観演出に一役買っている。弥栄校の和風校舎は、学区の生業を背景に、その文化的景観の中でその意味を正しくとらえることができるのである。

写真5：弥栄校教室棟の和風の屋根を持つ階段室の位置は、同校地南側の御陵前通りからの眺望を意識して計画されていると考えられる(2013/5/20)

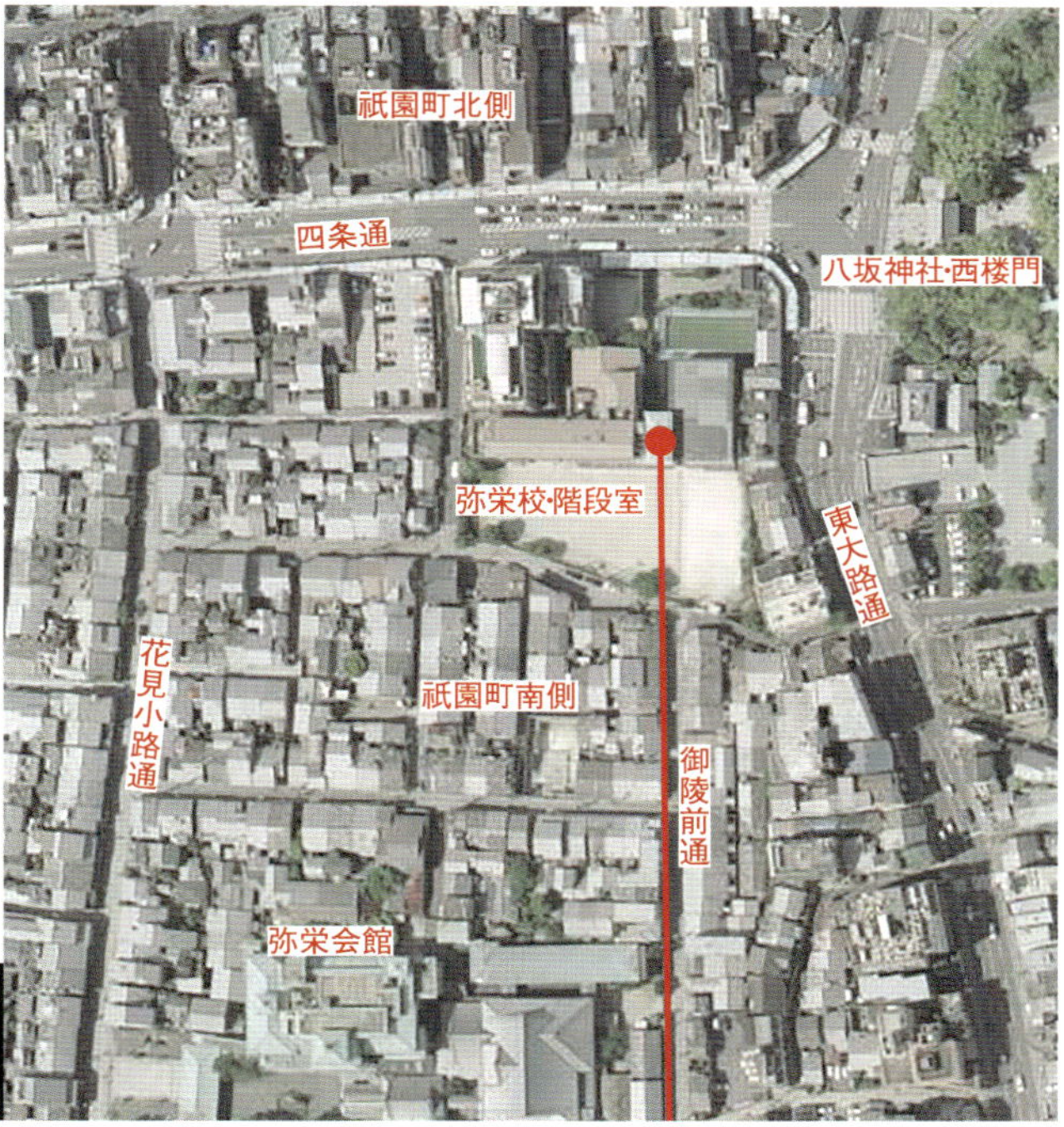

図1：弥栄校の階段室の位置と御陵前通りとの関係(国土地理院 空中写真2008/5/6を元に筆者作成)

11. 中古で校舎整備

松ヶ崎小学校（当時愛宕郡松ヶ崎村、現京都市左京区松ヶ崎）の校舎は、明治41年（1908）2月、岩倉村（現左京区岩倉忠在地町）の明徳小学校へと移築された。松ヶ崎校が同年に廃校となったためで、不要となった校舎は間をおかず引き取られたのである。移築校舎は、平屋の小規模な教室棟（3教室）であった。

移築先である明徳校は、愛宕郡第7区の小学校として明治6年に開校された岩倉小学校を源流とする。岩倉校は、岩倉の門跡寺院、実相院の庫裏を校舎に充て、府より下賜せられた建築を加えて開校された。開校当時の生徒数は約50名。明治28年（1895）、岩倉校は現在の明徳校の地に畑地を開いて移転。明治41年、岩倉・木野・長谷の3尋常小学校が統合され、当地にて明徳尋常小学校が設立される。松ヶ崎校の校舎を移築した年である。現在地に移転して以来、松ヶ崎校の校舎を移築する明治41年まで、校舎を建て替えた記録がない。明徳校はそれ以後も、同44年、岩倉校の旧地から教室棟（3教室分）を移築、大正2年にも愛宕郡長谷村の長谷小学校の教室を校地に移築している。さらに、同7年には高等科の併置に伴う校舎増築の必要から、元愛宕郡の郡役所の庁舎を移して講堂に充てるとともに、旧講堂を教室に転用している［写真1］。大正13年4月「本校中央二階建本館を新築落成」する（明徳国民学校『本校沿革史』1942年、明徳小学校所蔵）。岩倉校が同地に移転して以来、初めての校舎新築ということになる［写真2］。当時、二階建ての校舎はこれが唯一であった。

しかし、昭和に入っても移築による校舎増築は続く。同4年、京都市中の番組校である滋野《しげの》小学校から教室を運んでいる（『本校沿革史』）。明徳校の校舎整備は、他校や他の施設から中古の建物を移築することに頼っていたといえる［図1］。しかし、これは同校に限ったことではない。

吉祥院小学校（当時紀伊郡吉祥院村、現南

写真1：昭和2年頃の明徳校（左京区岩倉）（竹田源『岩倉今昔』1979年、を元に筆者加筆）

写真2：昭和10年頃の明徳校（明徳尋常高等小学校「昭和十一年卒業記念」帳を元に筆者加筆）

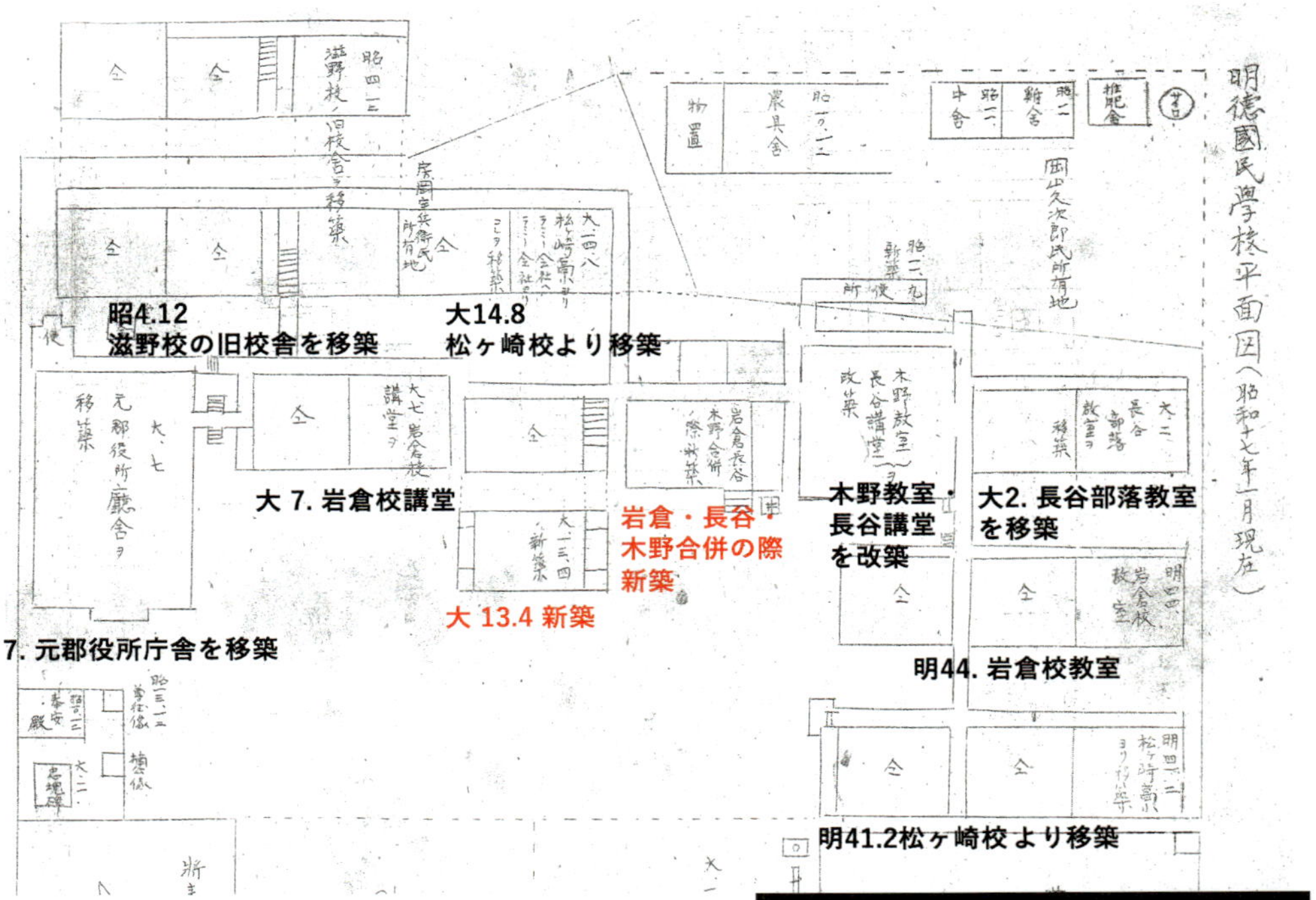

図1：昭和17年「明徳国民学校平面図」（明徳国民学校『本校沿革史』1942年を元に筆者加筆）

区吉祥院）は、明治43年に廃校となった城南高等小学校の校舎を上鳥羽小学校と分け合い購入している。吉祥院校へは二棟四教室と備品類が移設されたらしく、昭和20年代後半まで同校で使用されていたという（『吉祥院小学校百周年記念誌』1972年）。戦後も昭和28年、同校へは元下京区役所出張所の建物が移管されている。

冒頭取り上げた松ヶ崎校に話を戻したい。明治41年に閉校した同校は、大正5年に元の校地で再開校する。それまでの10年足らずの間は、松ヶ崎・修学院二カ村組合立の格知小学校が開設されていた。松ヶ崎校の再開で格知校は役目を終え廃校となる。松ヶ崎校では、閉校した格知校の教室棟を移築して校舎に充てて校地が整えられたのである（『松ヶ崎百年誌』1973年）。

当時の木造校舎は、あたかも現在のプレハブ小屋のように、解体と移築と組み立てを繰り返している。

このような郡中校における校舎整備の過程をたどれば、学舎の歴史はけっして新築や増築のみではないことがわかる。

学校から学校へと中古の校舎が売却され移築される。あるいは他所の別用途の建物が校舎に移築転用される。校舎のリサイクル活用は、廉価に校舎整備を図る手段として、郡中校では多用されていた。

　移築という工法は、日本では建築の再利用法として古来より盛んに行われてきた。木造建築ならではといえよう。戦後の高度成長期を迎えるまでは、木造建築を解体して移築する、あるいは曳屋により移動することは日常的に行われていた。建て替える際には前の建物を売却し、新築工事の費用の一部に充てるのが当たり前であった。中古建築や古材が価値を持っていたのである。ちなみに、元々は郡役所であった明徳校の講堂は、昭和38年、校舎の改築に伴い岩倉の長源寺（左京区岩倉長谷町）へ再度移築され、堂庫裡として今も残る［写真3］。

　学舎の歴史は、ともすれば華やかな新築工事に目が向いてしまうが、学区における弛まぬ校舎整備の歩みを辿ろうとすれば、中古校舎の購入移築という地道で目立たぬ学区の努力にも光を当てる必要がある。とりわけ、資金に乏しい郡部の小学校ではその動向を見ずに校舎の歴史は語れない。

　そんな中で注目したいのは、番組校から郡中校への校舎の売却移転である。昭和4年に明徳校は、滋野校から木造の教室棟を購入し、校舎の拡充整備に充てたのもその一例であるが、番組校のシンボル的存在であった明治期の講堂を移築した例もある。梅逕小学校の講堂である。

写真3：岩倉長源寺の堂庫裡（左京区岩倉長谷町、2005/4/18）

12.
木造校舎のリサイクル

梅逕小学校の旧講堂は、平成11年3月15日未明に出火、全焼した。前年の12月には、市内に残る最古級の木造校舎の遺構として、国の登録有形文化財になったばかりであった［写真1］。かくも唐突にその120年の歴史を閉じるとは、思いもよらぬ出来事であった。

しかし、焼失場所は京都市左京区大原。焼失する数年前までは料理旅館「大原楽園」として使われていた。下京区の小学校の講堂が、どうして大原に移築されたのか？

この建物が梅逕校（下京区垣ケ内町）に建てられたのは明治12年（1879）。番組校の中でも早い時期の講堂建築である。しかも、純洋風の柳池小学校講堂（I部1節参照）が建てられた翌年に当たる。

梅逕校の講堂も、洋風の手摺を巡らせた二階のベランダや、アーチ型屋根の玄関が洋風を印象づけている［写真2］。しかも、一階にも柱が外側に回る周柱式であることも調査でわかった。梅逕校講堂は洋風色が強く、前年に建った柳池校の影響を受けた可能性が高い。しかし、大屋根に軒唐破風を飾り、和風意匠を強調する点は柳池校と大いに異なる。梅逕校講堂は、和洋が折衷された瀟洒な顔つきが特徴的な建築であった。

どのような経緯で大原に移ったのか。梅逕校の講堂は、明治12年の新築以降、校地の中心的な位置を占め続け親しまれてきた。しかし、大正11年から翌年にかけて行われた校舎の全面建て替えに際して、同講堂は大原小学校（左京区大原来迎院町）へと売却されたのである。ちなみにその時、東校舎（教室棟）は石作小学校（現大原野小学校、西京区大原野灰方町）へ、西校舎は「古木屋」へと売却されたことが、梅逕校の『沿革史』には記されている。

この講堂は大原校の校舎として活用された後、昭和10年頃、その一階に大原村役場が入る。当時二階は、同村の女子裁縫室として使用されたという。

写真1：大原小学校へ移築された旧梅逕小学校講堂（明治12年築）。大原村役場などを経て大原楽園の所有となり、京都で唯一木造の元小学校校舎建築として国の登録有形文化財にも登録された。平成11年火災により焼失（1998/9/18）

昭和24年、大原村は京都市へ編入され、この建物は左京区役所大原出張所となる。同40年、出張所が改築されるに伴い大原楽園がこれを譲り受け、解体し現地へと運んだ、という次第である。

梅逕校の講堂は、このような曲折を経ることで、明治期の講堂建築の形のまま唯一戦後まで長く残された。大正末期に市中を離れたことが幸いしたのかもしれない。

写真2：明治12年築の元梅逕小学校の講堂。大原へ移築後の写真

大正末から昭和初頭にかけて、京都市中では校舎の建て替えラッシュの時期を迎える。大正12年の本能小学校を筆頭に鉄筋コンクリート校舎を採用する学校も増えつつあった。市中の小学校で進展する鉄筋校舎への建て替えは、関東大震災の災禍を背景に、さらには室戸台風の被害を直接の契機としつつ、校舎の不燃化、耐震・耐風化を掲げて校舎の一新を目指した。その際、明治大正期の木造旧校舎の多くは、建て替え費用の一部に充てるために売却されたのである。

柳池校では、昭和3年に「不要建物となる八教室を壱棟五千円を以て乙訓郡大藪小学校に売却契約」している（『柳池校沿革史』１９３０年）。同様に、滋野小学校の木造二階建て校舎は、同4年に明徳小学校（旧愛宕郡岩倉村）へ（前節参照）、永松《ながまつ》小学校の旧木造校舎も同6年に納所小学校（旧紀伊郡納所村）へとそれぞれ移築されている。いずれも、市中の番組校において鉄筋校舎へと整備が進む過程で、古い木造校舎が周辺郡部へと移設された事例である。

市中から郡部への木造旧校舎の移転はどのような意味をもつのか。この点は次節に譲りたい。

13. 郡中校と番組校、番組小学校建築の価値

京都市中の旧番組小学校には、戦前に建てられた鉄筋校舎が多い。これに対して、旧郡中の小学校には戦前の校舎はほとんど残らない。なぜなのだろう。校舎の売却移転の動向に目を向ければ、理由が見えてくる。

大正15年、梅津小学校（当時は葛野郡東梅津村、現右京区梅津中村町）では、講堂が「聚楽校より移転修築」された（「梅津校沿革史」梅津校所蔵、『梅津小１００周年記念誌』１９７２年）。この講堂は、聚楽《じゅらく》小学校（現Kyoto International School、上京区北俵町）の雨天体操場であった。聚楽校は、同年に校舎の大部分を建て替えて校庭は一新される。これに伴い、不要となった旧校舎が売却されたのである。

聚楽校の旧校舎は、梅津校の他にも本館が待凰小学校（北区紫竹西北町）へ、北校舎が市内夜間中学校へとそれぞれ売却されていった（閉校記念誌『聚楽』１９９９年）。梅津校に移築された聚楽校の元雨天体操場であるが、昭和9年の室戸台風の際に倒壊している。

大正13年、西京極小学校（当時は葛野郡京極村、現右京区西京極芝ノ下町）と崇仁小学校（下京区川端町）は、市内の稚松小学校（下京区若松町）から旧校舎〔写真1〕を買得した。明治41年に建てられた木造校舎で、崇仁校では西校舎の一部として昭和23年まで使用された（崇仁小学校所蔵「校舎建築計画書類」）。校舎を売却した稚松校では、大正14年7月、本能校に次いで京都で二番目の鉄筋コンクリート造校舎が落成する。校舎全体の不燃化に伴う、旧木造校舎の売却であった。

聚楽校も稚松校も市内の番組小学校である。他は大正末期から昭和初期にかけて京都市に編入される郡部の小学校で、

写真1：明治41年に建てられた稚松小学校の木造校舎の様子。大正13年、鉄筋校舎への建て替えに伴い、西京極小学校と崇仁小学校へと売却された（閉校記念誌『稚松』）

郡中小学校と呼ばれたりしたが、これらの多くは校舎の拡幅整備の過程で、番組校から中古の木造校舎を購入した［表1］。その時期は、大正末から昭和初期に集中する。番組校の校舎の多くが、木造から鉄筋校舎へと順次建て替わる時期である。

多額の建設費を学区の努力で独自調達しつつ校舎の不燃化を果たした番組各校と、そのため不要となった木造の中古校舎を得て、校舎の拡充を図ることに努めた郡中各校の状況は対照的である。番組校から郡中校への中古校舎の移設は、両者の校舎整備の格差を浮き彫りにしている。

昭和15年までの間に、ほとんどの番組校では全面的にあるいは校舎の一部が鉄筋校舎へと建て替えられた。一方、郡中校における校舎の不燃化は、昭和6年までに市に編入された地域の学校では、室戸台風の後、市の施策によりようやく始まる。ただし、避難場所の確保という観点から校舎の一部に限られた。市への編入が戦後まで遅れた郡部においては、鉄

No.	学校名	設立年次	移築年次	他の学校より移築事例	その他の建物の移築事例	備考
15	松ヶ崎	明治6	明治9		閑院宮の古家を買収	
14	明徳	明治6	明治41	松ヶ崎校より移築		
11	吉祥院	明治5	明治43	城南高等小より廃校購入		
12	上鳥羽	明治5	明治43	城南高等小より廃校購入		
34	明親	明治5	大正1	南浜小校舎を移築		
15	松ヶ崎	明治6	大正6		御大典の建物を講堂に	
21	嵯峨	明治5	大正6		御大典の建物「高節館」	
14	明徳	明治6	大正7		元郡役所庁舎を移築	
8	上賀茂	明治6	大正11	郡立農林学校旧校舎を移築		
9	崇仁	明治6	大正13	稚松校校舎を西校舎に		市編入後
26	西京極	明治5	大正13	稚松校旧校舎を買収し、その用材で増築		
39	醍醐	明治5	大正13	有隣校旧校舎を本館に		
25	梅津	明治5	大正15	聚楽校より講堂を		
8	上賀茂	明治6	昭和4		御大典の建物を講堂に	
13	大藪	明治6	昭和4	柳池校校舎買収		
14	明徳	明治6	昭和4	滋野校の旧校舎を移築		
21	嵯峨	明治5	昭和5	市内の小学校の校舎移築		
33	納所	明治6	昭和6	永松校校舎を移転改築		市編入後
25	梅津	明治5	昭和9	太秦校より2階建4教室		市編入後
11	吉祥院	明治5	昭和28		元下京区役所出張所建物	市編入後

表1：郡中小学校における校舎移築事例一覧

筋コンクリート校舎への建替はほとんど進まなかった。

戦前に校舎の不燃化をほぼ果たした番組各校は、戦後もその鉄筋コンクリート校舎を長く使い続けた。鉄筋校舎は、長期にわたる使用に耐えうる堅牢さを備えている。戦前の校舎群が、京都市中の狭い範囲に今も多く残る所以である。

一方、木造校舎を多く抱えたままの旧郡中各校では、戦後、順次鉄筋校舎への建て替えが進展した。創立100周年を契機とするなど、それは昭和40年代〜50年代に集中した。周辺部の小学校校舎が総じて新しいのは、戦後まで校舎の更新が遅れたためであった。戦前校舎がなぜ京都の中心部に残るのか。市中と周辺部との残存状況の違いは、番組校と郡中校の校舎更新の遅速と格差に起因するのである。

そもそも、番組校と郡中校とでは、開校当初の状況からして大いに違っていた。この点は、すでに述べたとおりである。番組校の開校に遅れること3年、明治5年8月の「学制」発布に前後して京都市

		学校名	校数
校舎を新築		中川校、鷹峯校、大藪校、高雄校、梅津校、西京極校、大枝校、横大路校	8
既存建物の転用	寺院	衣笠校、崇仁校、明徳校、松ヶ崎校、北白川校、山階校、勧修校、嵯峨校、桂校、大原野校、神川校、醍醐校	12
	神社	下鴨校	1
	公家屋敷	陶化校	1
	武家屋敷	伏見板橋校、伏見南浜校	2
	その他住宅	上賀茂校、吉祥院校、御室校、西院校	4
	藩校	明親校	1
	村役場	納所校	1
不明		小野郷校、雲ヶ畑校、楽只校、待鳳校、上鳥羽校、太秦校、松尾校、深草校、桃山校	9
合計			39

表2：郡中小学校の開校時の校舎

の周辺郡部においても相次いで小学校が開校する。明治7年までの間に開校した39校を調べてみると、不明の9校を除く30校の中で、寺社の境内や住宅など既存建物の一角で授業を開始した事例が22校と大半を占めていた［表2］。一方で、番組校では7割近い学区が新築校舎を整えて開校に臨んだ。

戦前期、番組校における鉄筋校舎への建替状況を総括すると、昭和9年の室戸台風以前に鉄筋校舎への建替に着手した学校は大正12年築の本能校や同4年の稚松校、昭和2年の立誠校をはじめとして17校を数え、戦前期に鉄筋校舎への建替を実行した学校は64校中60校に及ぶ。

郡中校の場合、昭和9年の室戸台風で校舎が全半壊した学校は25校確認でき（中間彩佳、大場修「京都市域の旧郡中における小学校校舎の形成過程」『日本建築学会近畿支部研究報告集』1999年）、それを契機として鉄筋コンクリート造校舎への建替が始動する。しかし実際は、繰り返しになるが校舎の一部や講堂など単独建築の更新に留まるものがほとんどで、多くは木造を主体とする状況が戦後まで続いた［表3］。

番組校の先駆性と革新性は、学校開設の当初から鉄筋校舎の獲得まで、その間70年余りにわたり一貫していた。

明治以降、近代日本の社会を形づくりその発展に寄与したさまざまな建築、これを「近代建築」と呼ぶとすれば、小学校の校舎建築は江戸時代には存在しなかった紛れもない近代社会の産物であり、近代建築の一類型である。その歴史を辿る近代史は、我々はこれを「近代建築史」と呼んでいるが、実はこれには二つの種類があるように思う。「近代建築の地域史」と「近代建築の日本史」である。

郡中小学校の学校建築史は、地域にとって重要な歴史の掘り起こしであり、その検証作業である。そのことの重要性はいうまでもない。それに対して番組小学校の建築史は、64各学区にとっての地域史ではあるが、その範疇に留まらない意義を持つ。

近代の日本社会は、小学校というインフラをどのように営み発展させてきたのか。京都番組小学校の学校建築史はその先駆性と革新性において、特筆すべき歴史を辿った。日本の学校建築史を彩る個別の校舎建築は各地に多く残り、国の重要文化財となっているものも数多い。長野県の開智学校（明治9年、松本市）は、2019年国宝に指定された。

それに対して、京都番組校の学び舎の歴史は、64学区が4分の3世紀もの間、時には競い合い共同しつつ学舎整備に独力で取り組んだ歴史である。間違いなく近代京都の町づくりの一翼を担う営為であり、それは学区民による近代のまちづくり史としての意義を持つ。学び舎はその歴史を体現する遺産である。

今日まで残されている先進的な学校建築群とそれを支えた学区。京都番組小学校は、このように複合的で集合的な歴史的価値を有する点で、日本において比類ない価値を持つのである。

No.	学校名	戦前期、鉄筋校舎の建築年次	戦後、鉄筋校舎の建築年次	京都市編入年
1	小野郷		昭和48	昭和6
2	雲ヶ畑	不明		大正24
3	中川		昭和43～	昭和23
4	鷹峯		昭和43	昭和6
5	衣笠	昭和11（西校舎）昭和12（校舎）		大正7
6	楽只	昭和11（講堂）	昭和33	大正7
7	待鳳	昭和11（講堂）	昭和46	大正7
8	上賀茂		昭和36・講堂	昭和6
9	崇仁	風害後一部校舎	昭和33	大正7
10	陶化	昭和11（教室棟の一部）	昭和32・教室	大正7
11	吉祥院		昭和39	昭和6
12	上鳥羽	昭和11（講堂）		昭和6
13	大藪		昭和45	昭和34
14	明徳	不明		昭和24
15	松ヶ崎	昭和11（教室）	昭和38	昭和6
16	下鴨	昭和12（本館・講堂）		大正7
17	北白川	昭和4（本館・雨体）	昭和30	大正7
18	山階	昭和11（教室）	昭和30	昭和6
19	勧修		昭和38	昭和6
20	高雄		昭和41	昭和6
21	嵯峨	昭和9（講堂）	昭和41	昭和6
22	御室	昭和11（昭和造講堂・雨体）	昭和35	昭和6
23	太秦	不明		昭和6
24	西院	昭和10（教室）	昭和45	昭和6
25	梅津	昭和12（講堂）	昭和43	昭和6
26	西京極		昭和28	昭和6
27	松尾	昭和11（講堂）	昭和40	昭和6
28	桂	昭和12（講堂）	昭和40～	昭和6
29	大枝		昭和41	昭和25
30	大原野		昭和45	昭和34
31	神川		昭和40～	昭和25
32	横大路	昭和12（本館・雨体）	昭和50	昭和6
33	納所	昭和12（教室2階建）	昭和44	昭和6
34	明親	昭和13（講堂・教室）	昭和45	昭和32
35	伏見板橋	昭和12（教室・講堂）	昭和33	昭和6
36	伏見南浜	昭和13（教室・北校舎）		昭和6
37	深草	昭和12（教室）	昭和32	昭和22
38	桃山	昭和9（講堂）	昭和46	昭和6
39	醍醐	昭和11（校舎一部・講堂）	昭和38	昭和6

表3：郡中小学校における鉄筋校舎への建替状況一覧

COLUMN

窓ガラス

明倫校廊下のスティールサッシ窓（昭和6年築、2015/12/7）

昭和6年に建てられた明倫小学校は、京都芸術センターとして活用された以後も、比較的よく校舎時代の造作が残る。窓ガラスもそうである。この時期の鉄筋コンクリート校舎は、窓のサッシがユニークでおもしろい。アルミサッシに取り替えられた校舎もあるが、旧明倫校ではスティール（鉄製）サッシが残る。スティールサッシは、戦後に普及するアルミサッシと比べて細くシャープな印象を受ける。意匠的な観点からはアルミよりも数段優れた建具である。

ユニークなのはその開閉の仕方である。明倫校のスティールサッシは今もよく動くが、その独特の開き方が楽しい。「黒田式スペシャルバランスサッシュ」という名で量販されていたことが、当時の雑誌広告から窺える。戦後は、このような複雑な動きをするサッシは姿を消えてしまう。それだけに、築90年を経てなお可動する昭和初期のスティールサッシは貴重であり、なんとか維持したい。

学び舎探訪〈内観編〉

階段を楽しく

明倫校の階段親柱。モルタル洗い出しの円柱に、文様が彫られた3本の黒帯を巻く（昭和6年築、1998/3/12）⑦

階段の昇り口には、手摺の端部を印象的にかたどるものがある。親柱と呼ぶ。校舎の階段を年代順に並べれば傾向が見える。大正12年築の**本能校①**、2年後の**稚松校②**、昭和2年に建った**立誠校③**、これらには親柱的な造作はない。大正期の2校は手摺の支柱（手摺子）が鉄柱である。立誠校は木製。階段を飾ろうとする意図は感じられない。昭和4年の**梅屋校④**・**修徳校⑤**の両校はじめ、以降の校舎の階段手摺はコンクリート製である。コンクリートという材料が親柱に命を吹き込む。**成徳校⑥**（5年）は最も個性的である。玄関ホールの一角に据えた階段。昇り口の造形は芸術性に富み、アーチが連なるホールで主役を演じている。**明倫校⑦**（6年）の親柱も個性的である。上部に巻いた3本の黒い筋には複雑な文様が宿る。**教業校⑧**（7年）では木製の筋彫りを柱頭にあしらい、**清水校⑨**（8年）も3本の筋彫りが入る。一方で、**銅駝校⑩**（8年）や**西陣校⑪**（9年）では単純化が進展している。その傾向は、昭和10年代になると一般化する。親柱の造形は影を潜め、手摺はモルタル洗い出しの一体型となる。笠木も載せない。12年築の**有済校⑫**や待賢校のように、以後この形が主流となり標準化が進む。

成徳校玄関ホールの階段。大理石の手摺と親柱の独特の造形(昭和5年築、2014/3/23)⑥

立誠校の階段。木製の手摺子と笠木(昭和2年築、1998/4/25)③

本能校の階段。鉄製の手摺子に木製の笠木を載せている(大正12年築、1994/12/27)①

西陣校の階段手摺と方形のモルタル塗りの親柱(昭和9年築、1998/4/22)⑪

銅駝校の階段手摺と半円柱型の親柱(昭和8年築、2019/5/16)⑩

修徳校の階段。モルタル洗い出しの手摺と半球をかたどった親柱(昭和4年築、1998/2/6)⑤

稚松校の階段。鉄製の手摺子と木製の笠木(大正14年築、1995/1/17)②

有済校の階段。木製の笠木を略したモルタル洗い出しの手摺と親柱(昭和12年築、1998/7/21)⑫

清水校の階段。筋彫りが入ったモルタル塗りの親柱(昭和8年築、2004/6/14)⑨

教業校の階段。親柱には筋彫りを施した木製の柱頭飾り。右手下は踊場に設けられた窓台(昭和7年築、1998/3/18)⑧

梅屋校の階段。モルタル洗い出しの手摺と親柱(昭和4年築、1998/3/17)④

階段・床のデザイン

弥栄校の階段廻りの床。モザイクタイルによる市松模様の詳細（昭和12年築、2013/5/24）③

昭和4年築の**梅屋校①**は、階段室の床は木製で踊場の床も寄木張りである。廊下とともに階段の床を板張りとする校舎は多い。鉄筋コンクリート校舎の中で、木の床を踏みながらの昇り降りは心地よい。**龍池校②**（同年）は、2006年に京都国際マンガミュージアムとして開館する際に、階段室の床に木が貼られた。もともと踊場はモルタル塗りであった。清水校（8年）はタイル張りである。このような階段廻りの床仕上げは、昭和10年代になると一変する。階段の踏面を含めてモザイクタイル（小さな正方形のタイル）となる。色違いのタイルを市松模様に張った床。毎日通う子どもたちは知らなかったはずだが、白タイルと色タイルの組み合わせは学校によって違う。並べてみれば実に楽しい。**弥栄校③④**（12年）の場合、踏面と踊場の床とでタイルの組み合わせを変えている。モザイクタイルによる階段の床仕上げは、昭和10年代前半では標準仕様となる。しかしながら、同一仕上げという条件下にあっても、タイルの色や並べ方のパターンが工夫された。設計者のデザインマインドは、階段に個性を注ぎ続けた。

龍池校の改修後の階段室。踏面は木製。踊場は当初はモルタル塗り（昭和4年築、2006/11/01）②

開智校（現京都市学校歴史博物館）の階段廻りの床。モザイクタイルとモルタル洗い出しの壁と手摺（昭和10年築、2019/8/2）

弥栄校の階段廻りの床。モザイクタイルによる大小の市松模様の組み合わせ（昭和12年築、2013/5/24）④

月輪校の階段廻り。4枚1組のタイル（昭和11年築、1998/7）

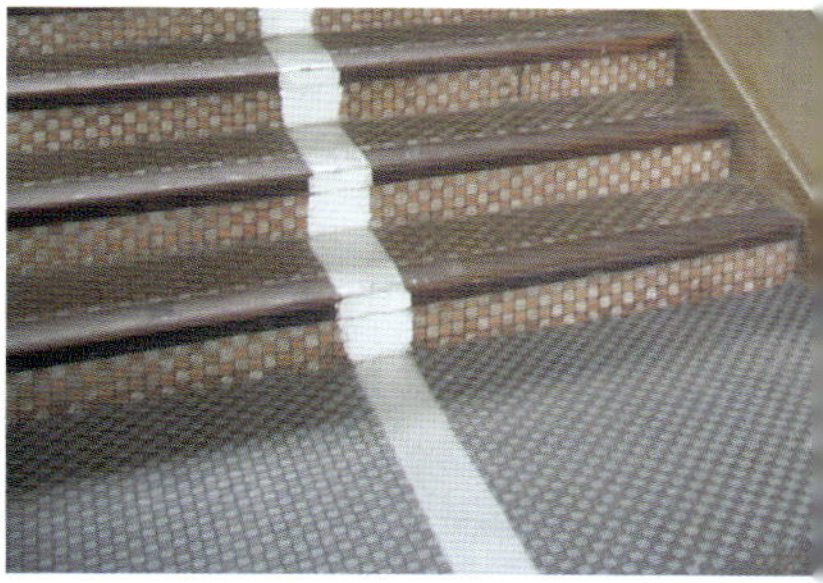

有済校の階段廻りの床。階段と踊場で色違いのタイルが使われている（昭和12年築、2004/11/15）

梅屋校の階段室。木製の踏面と寄木張りの踊場（昭和4年築、1998/3/17）①

醒泉校の階段廻り。モザイクタイルの床（昭和11年築、1998/7/22）

聚楽校の階段廻り。4枚1組のタイルによる市松模様（昭和12年築、1998/4/14）

廊下に個性を

有済校の廊下。廊下のハンチは標準化され山形の共通仕様となる（昭和12年築、2004/11/15）

廊下は校舎内の移動に欠かせない空間で、ゆえに明治30年代には「片廊下幅6尺以上」などと定められた。しかし廊下は学校ごとに違う。何が違うのか、年代順に巡ってみる。昭和2年の**立誠校①**では梁型が多角形を描き、坑道に迷い込んだような不思議な空間。その包み込まれるような雰囲気は忘れがたい。2年後に建つ**龍池校②**ではアーチ型の梁型が続く。階段室の入口には二連のアーチを渡し、円形のレリーフを飾る。小学校とは思えぬ重厚さだ。同年の**梅屋校③**（西校舎）も、鋭く山形にかたどった梁型が続く。**修徳校④**も4年築であるが、こちらは梁の両端部を下げアーチを折線状に単純化したような形である。実はこの形、梁型本来の姿に近い。鉄筋コンクリート造の梁は、端部で下面を傾斜させ断面を大きくする。接合部の強度を上げるためである。これを「ハンチ」と呼ぶ。ハンチの形を誇張し意匠化したのが修徳校である。**成徳校⑤**（5年）ではハンチを4分の1円形とし、一階では輪郭を筋彫りで強調する。**桃薗校⑥**（7年）も4分の1円状にハンチを造形し、半円形の平板を下に添えている。校舎建築の歴史と特徴は、廊下の細部にも宿っている。

龍池校の廊下。階段室の入口廻り。半円アーチ状の梁型が連続し交差する(昭和4年築、1994/12/27)②

立誠校の廊下。多角形を描く梁型が連続する。左は手洗場(昭和2年築、1998/4/25)①

修徳校の廊下。アーチを折線状に単純化したような梁型が続く(昭和4年築、1998/2/6)④

小川校の廊下。ハンチの標準化に加え、廊下の腰壁は色を違えたモルタル仕上げとなる(昭和13年築、1998/3/18)

成徳校の一階廊下。梁のハンチを4分の1円形とし、その輪郭を筋彫りで強調している(昭和5年築、2014/3/23)⑤

桃薗校の廊下。梁のハンチは4分の1円に半円形の平板を添えた独特の形(昭和7年築、1994/12/26)⑥

梅屋校の廊下。山形を描く梁型が続く(昭和4年築、1998/3/17)③

講堂の格式

龍池校の講堂。アーチ状の梁型が講堂内を飾り、舞台には三重に縁取りされたプロセニアムをかたどる（昭和3年築、2006/11/1）②

本能校①（大正12年）は、左右に教室棟を従えつつ講堂が中央に鎮座する。講堂を核とする明快な校舎プランである。竣工時は鉄骨の小屋組がむき出しであった堂内は中央に舞台（演壇）があり、筋彫りを施す二本の柱でかたどられたプロセニアム（額縁）が舞台を飾る。筆者の写真に残る木製の演台や花瓶台も格調高い。**龍池校②**では、鉄筋校舎への建替は講堂から着手された（昭和3年竣工）。講堂の重要性は建替順からも窺える。アーチをえがく大スパンの梁型が堂内を飾り、正面の舞台は三重に縁取りされたプロセニアムが立派である。**明倫校③**（6年、現京都芸術センター）には一際豪華な講堂が残る。天井は繊細なモールディングを施す梁型を十字に組み、中に木製格子パネルをはめ込んだ二重格天井。壁掛け照明はオリジナルが残る。**清水校⑤⑥**（8年）では正面の舞台に注目したい。中央に奉安庫。左右に木製パネルを立て、一枚板の引き分け戸で飾る。内側に鉄扉を仕込み、耐火性を確保している。これらの学校は、講堂を体操場と兼用せず別に備えた。講堂建築を重んじる、木造校舎以来のＤＮＡが鉄筋校舎に継承された。講堂の格調には、木造校舎由来の伝統が息づいているのである。

桃園校の講堂。格天井を模したような天井の木製装飾と舞台上部の装飾的なプロセニアムが特徴的(昭和7年築、1994/12/26)

本能校講堂の舞台と演台。舞台は筋彫りを施すプロセニアム(額縁)で飾る(大正12年築、1998/3/16)①

清水校の講堂。舞台中央に奉安庫の扉。奉安庫は左右に木製パネルを立て、木製の引き分け戸で飾る(昭和8年築、1995/5/31)⑤

清水校講堂演壇の奉安庫。内側に鉄扉を仕込み、耐火性を確保している(昭和8年築、2004/6/14)⑥

明倫校の講堂。繊細なモールディングを施した装飾的な梁型を十字に組み、中に木製の格子状パネルをはめ込んだ二重の格天井(昭和6年築、2010/4/21)③

鉄筋校舎の中の和室

清水校の作法教室は21畳。次之間12畳がつく（昭和8年築、2004/6/14）④

和室は「作法室」と呼ばれた。子どもたちは、挨拶の仕方やお客様の迎え方など、礼儀作法を和室の中で事細かく実践的に学んだ。いずれも床の間や棚などの座敷飾りを完備し、天井は格天井。**明倫**①（昭和6年）・**桃薗**②③（7年）、**清水**④（8年）各校は折上格天井とする。格天井を周囲から一段持ち上げた格の高い形式で、二条城二の丸御殿の天井と同じ。**新道校**⑤、**醍泉校**⑥、**西陣校**⑦本館（いずれも11年）では、格天井の周囲に天井板を斜めに張り、折上格天井の簡易版のような天井とする。桃薗校では次之間を従えていた。その入口には禅宗建築由来の曲線をあしらっていた。**龍池校**⑧⑨（4年）ではコンクリートの梁が和室に露出する。しかし梁の端が和風なのが面白い。作法室は、礼儀作法を通して道徳思想の根本を教授した。空間それ自体に思想性はないが、書道の楷書体のように、崩しを排した正格の座敷は子どもたちに居住まいをたださせ、緊張を強いた。座敷にはそんな力がある。戦前の学び舎に書院座敷は欠かせない存在であった。戦後、民主教育の中で作法室の役割は変わった。しかし、各家庭から和室が消えゆく今日、戦前校舎に残された書院座敷は新たな価値を持ち始めたように思う。

明倫校の集会室（78畳）。市内で最大規模の和室。天井は折上格天井。座敷飾りもそれぞれ大型である。四階に作法室を設けている（昭和6年築、2017/1/16）①

桃薗校の作法教室。40畳であるが次之間12畳を従える本格的な書院座敷（昭和7年築、1994/12/26）②

龍池校の裁縫教室。コンクリート梁型端部のハンチ。伝統建築の肘木を模している（昭和4年築、1998/3/11）⑧

新道校の裁縫教室。格天井の周囲に天井板を斜めに張り、折上格天井の簡易版のような独特の形をとる（昭和11年築、1998/7）⑤

桃薗校の作法教室。次之間への入口は火灯曲線をあしらう（昭和7年築、1994/12/26）③

龍池校の裁縫教室。31畳、コンクリートの梁型や壁が露出している（昭和4年築、1998/3/11）⑨

西陣校の木造本館二階の作法教室。45畳半（昭和11年築、1998/4/22）⑦

醒泉校の作法室（31畳半）、格天井の周囲に天井板を斜めに張る天井形式をとる（昭和11年築、1998/7/22）⑥

本館のインテリア

桃薗校二階の応接室。会議室から応接室へ設計変更された。壁は木製の腰壁に織物クロス張り、梁型は半円盤形をずらしたハンチで飾る（昭和7年築、1994/12/26）④

戦前校舎の玄関廻りには、学務委員室や校長室に応接室、職員室、会議室などが設けられた。これら諸室が並ぶ棟を本館、あるいは本館部と呼ぶことができる。本館の諸室の中でも会議室や応接室は来校者を迎える部屋であり、その内装は見所が多い。**明倫校**①②（昭和6年）の会議室は、梁と天井廻りに繊細なモールディングを施し、柱をタイル張りとするなど番組校随一の華やかさを誇った。**桃薗校**③④（7年）の応接室は、壁は木製の腰壁に織物クロス張り、梁型は半円盤形をずらした独特のハンチで飾る。照明は矢羽根型の磨りガラスをあしらう真鍮製である。**清水校**⑤（8年）の会議室も、梁や天井廻り縁のモールディングが目に止まる。長円形の会議机と椅子は竣工当時のものが残る。この形の会議机は他校にも多く、銅駝校（8年）の校長室でも現役である。**西陣校**⑥（11年）本館は木造で、二階にある応接室には壁に西陣織の壁紙が張られていたという。天井は周囲を斜めに持ち上げた、作法教室で見たスタイルを洋風に仕上げたもので、これに独自の天井照明が付いている。本館は、外観では玄関を強調し、内部は応接間や会議室の造作に注力した。学区の財産である学び舎の、来校者への矜持の表現として。

桃薗校の応接室。天井から吊るした真鍮製のペンダント照明、矢羽根型の磨りガラスをあしらった、応接間のみで使用された照明（昭和7年築、1994/12/26）③

明倫校本館一階の応接室、腰壁に木製パネルを張った落ち着いた内装（昭和6年築、1998/3/12）②

西陣校の木造本館。二階の応接室（昭和11年築、1998/4/22）⑥

明倫校本館一階の会議室。梁型と天井廻りに繊細なモールディングを施し、柱をタイル張りとした京都で随一の華やかな内装を誇った（昭和6年築、1998/3/12）①

清水校の会議室。梁のハンチや天井廻り縁のモールディング装飾。長円形の会議机と椅子は、竣工当時のものが残る（昭和8年築、1995/5/31）⑤

特別な教室

教業校三階の唱歌教室。左右にステップがついた演壇。黒板を囲むフレーム状の装飾、ピアノピット（昭和7年築、1998/3/18）②

教室棟の端部には、廊下の面積を取り込んで広い特別教室が設けられる。唱歌教室や図画教室、理科教室などである。**明倫校①**（昭和6年）の唱歌教室は、大きく弧を描くように縁取る演壇と長い黒板が特徴的である。**教業校②**（7年）では左右にステップがついた演壇と、黒板を囲むフレーム状の装飾、床にはピアノピット。図画教室は三階に設けられた。天井に天窓を仕組むためである。天窓の鉄則は北側採光。光が安定している北側に天窓を開けた。**明倫校③**の天窓は、鉄製サッシの装飾性が高く華やかである。理科室には準備室がいる。昭和初期、実験や観察を主体とする授業スタイルが重視された。**修徳校④**（4年）の理科準備室には、学区から寄付された最先端の実験機材や、ホルマリン標本、剥製標本、岩石標本などを収める大型の棚が並んでいた。番組小学校の戦前校舎は各種の特別教室を用意し、授業に必要な機材や什器を過不足なく揃えた。校舎の建設と合わせ、みな学区民の寄付で賄われた。戦前の機材や備品は、今となっては校舎の竣工写真帳が写し取るのみである。幸い唱歌教室や図画教室などには特別な造作が残り、子どもたちの熱気が伝わってくる。

清水校三階の唱歌教室。教業校とよく似た演台廻りの構成とピアノピット（昭和8年築、1995/5/31）

明倫校二階の唱歌教室。大きく弧を描くように縁取られた演壇と長い黒板が特徴的（昭和6年築、1998/3/12）①

桃薗校三階の唱歌教室。黒板を囲むプラスター仕上げの装飾と梁の独特のハンチ（昭和7年築、1994/12/26）

小川校三階の図画教室（昭和13年築、1998/3/18）

桃薗校三階の図画教室。設計変更により二階から三階に移動した（昭和7年築、1994/12/26）

西陣校三階の図画教室。北側に3カ所の天窓（昭和10年築、1998/4/22）

修徳校三階の理科準備室。木製の収納棚が所狭しと並ぶ（昭和4年築、1998/2/6）④

清水校三階の図画教室。天窓を北側に設けている（昭和8年築、1998/7）

明倫校三階の図画教室。鉄製の窓枠が装飾的な天窓（昭和6年築、1998/3/12）③

付録

旧上京区番組小学校校舎建築動向年表

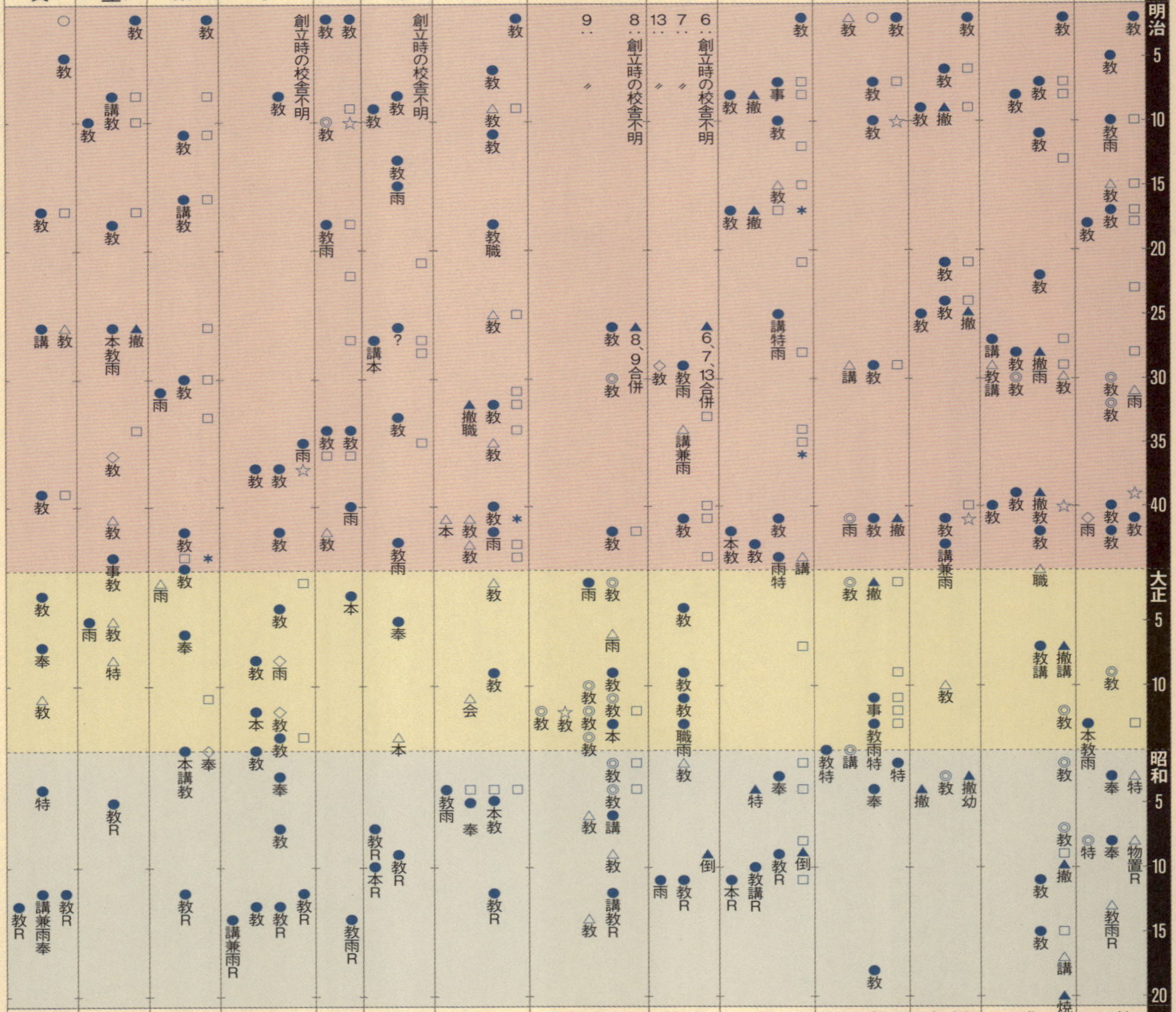

No	名	参考史資料
1	乾隆《けんりゅう》	乾隆校創立百周年記念誌（S44・10）／沿革史
2	成逸《せいいつ》	成逸百年の歩み（S44・10）／沿革史
3	翔鸞《しょうらん》	創立百周年翔鸞校史（S44）／沿革史
4	嘉楽《からく》	嘉楽尋常小学校五十周年記念誌（T7・10）／沿革史（S5・1改訂）
5	西陣《にしじん》	西陣校百年史（S44・12）／沿革史
6 7 13	室町《むろまち》	京都小学五十年史／京都市立学校園沿革（S31・3）
8 9	仁和《にんな》	京都市立仁和小学校百周年記念誌
10	正親《せいしん》	正親百年（S44・11）
11	桃薗《とうえん》	桃薗校百年史（S44・10）
12	小川《おがわ》	小川
14	出水《でみず》	出水校百年史（S44・9）
15	聚楽《じゅらく》	聚楽校百年史（S45・3）
16	中立《ちゅうりつ》	中立百年史（S44）／沿革史
17	待賢《たいけん》	待賢校百周年記念誌（S44）／待賢校百二十年史

No	名	参考史資料
18・19	滋野《しげの》	滋野清流
20	梅屋《うめや》	梅屋校百周年記念(S44・11)/梅屋校沿革史
21	竹間《ちっかん》	竹間尋常小学校沿革史(T7・5)/竹間校百年記念(S44・9)/学校沿革史並に校勢
22	富有《ふゆう》	富有校五十年史(T7)/富有校の百年(S44・11)/沿革史
23	教業《きょうぎょう》	教業百年のあゆみ(S44)/学校沿革史
24	城巽《じょうそん》	京都小学五十年史/京都市立学校園沿革
25	龍池《たついけ》	龍池百周年記念誌(S44)/校史
26	初音《はつね》	京都小学五十年史/京都市立学校園沿革
27	柳池《りゅうち》	柳池校七十年史(S17・6)
28・29	京極《きょうごく》	京極学校史と郷土史
30	春日《かすが》	春日百年史(S44・12)
31	銅駝《どうだ》	銅駝尋常小学校沿革史(S9・4)/銅駝中学校沿革史(S32・11)/銅駝中学校前資料について(S44)
32	錦林《きんりん》	錦林校百年史(S44・11)
33	新洞《しんどう》	京都小学五十年史/京都市立学校園沿革

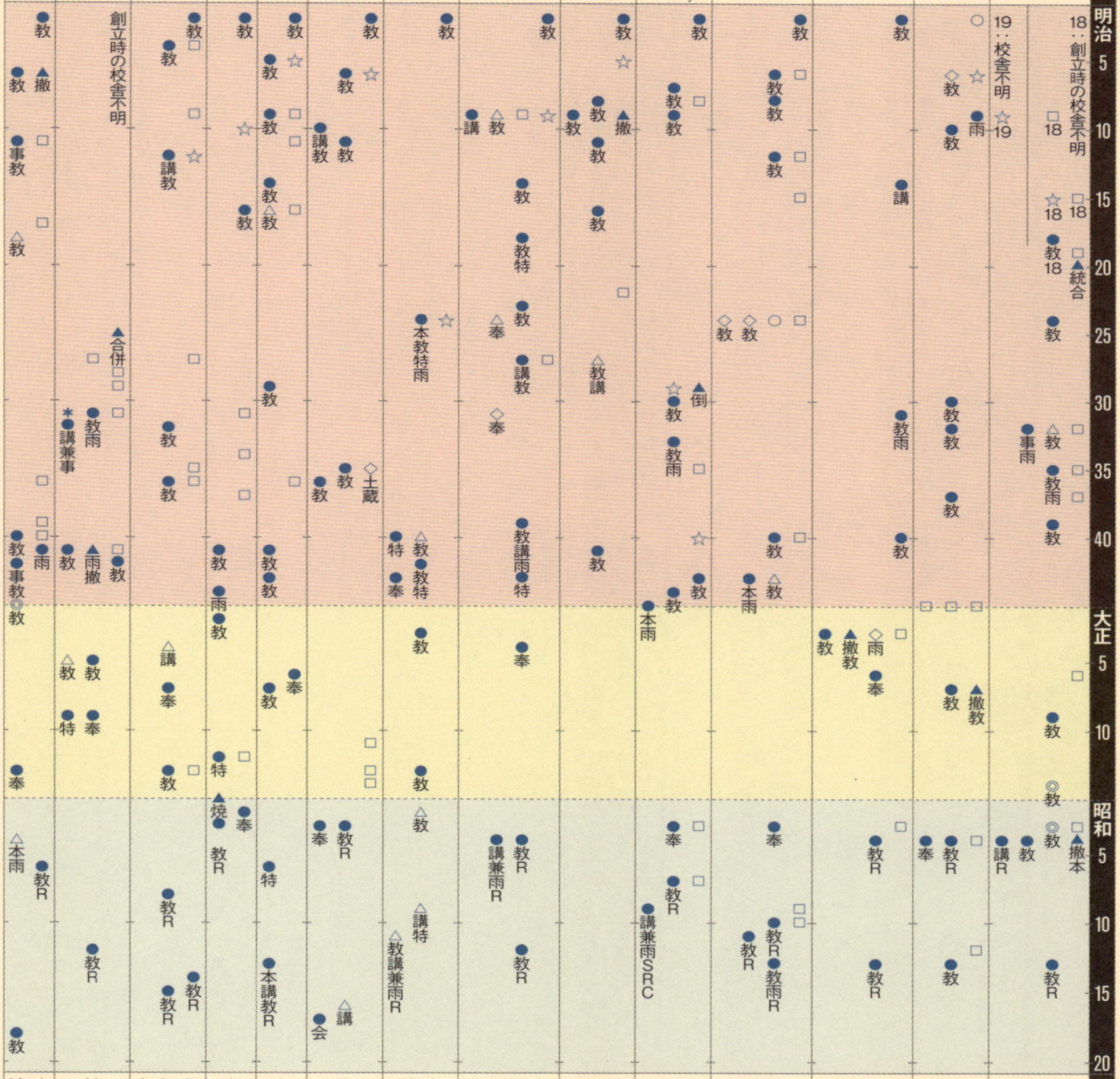

凡例

☆：移転、□：校地拡張、＊：校地縮小、●：新築、△：改築、◎：増築、◇：校地内での校舎の移築、○：創立時に既存建物を使用、▲：撤去・倒壊・焼失

教：教室、職：職員室、特：特別教室、講：講堂、雨：雨天体操場、本：本館、奉：奉安殿、幼：幼稚園、役：役場、R：鉄筋コンクリート造、SRC：鉄骨鉄筋コンクリート造

旧下京区番組小学校校舎建築動向年表

No	名	参考史資料
1	乾《いぬい》	乾百年史（S44）
2	本能《ほんのう》	本能校百年史（S44・11）
3	明倫《めいりん》	明倫誌（S14）／同第二篇（S45）／京都市明倫尋常小学校沿革
4	日彰《にっしょう》	日彰百年誌（S46）／京都市日彰尋常小学校沿革史（T4・10）
5	生祥《せいしょう》	わたしたちの生祥（H1・11）
6	立誠《りっせい》	京都小学五十年史／京都市立学校園沿革史
7	郁文《いくぶん》	郁文（S43・3）
8	格致《かくち》	格致子ども百年史（S44・10）／格致同窓会百周年記念誌
9	成徳《せいとく》	成徳百年誌（S44・9）／成徳尋常小学校記念誌（S14・10）学校沿革史
10	豊園《ほうえん》	豊園校創立百周年記念誌（S44・5）／沿革史
11	開智《かいち》	開智校百年誌（S44・11）
12	永松《ながまつ》	永松百年のあゆみ／沿革史
13	醒泉《せいせん》	京都小学五十年史／京都市立学校園沿革史／本校沿革史
14	修徳《しゅうとく》	修厥徳（H4・8）修徳尋常小学校沿革史
15	有隣《ゆうりん》	有隣百年史（S44）
16	尚徳《しょうとく》	尚徳中学校要覧（S45・3）／尚徳校沿革史
17	稚松《わかまつ》	稚松（S44・10）／わかまつ（S44・10）／学校沿革史

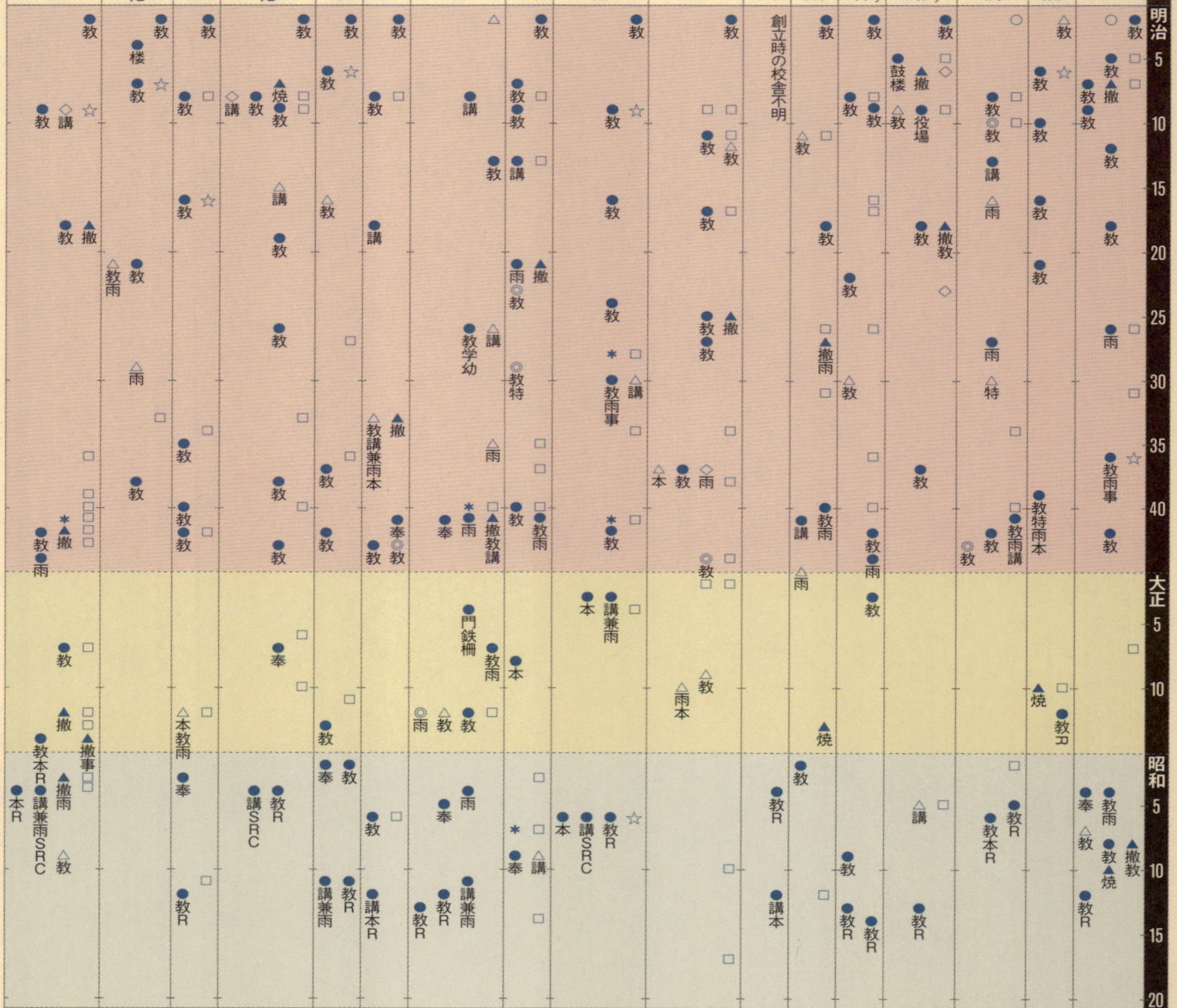

No	名	参考史資料
18	菊浜《きくはま》	菊浜（S44）／京都市菊浜尋常小学校沿革史（T7・10）／沿革史（T15）
19	植柳《しょくりゅう》	植柳百年史（S44）
20	皆山《かいざん》	京都小学五十年史／京都市立学校園沿革史／京都市皆山尋常小学校沿革史
21	安寧《あんねい》	安寧校百年史（S44・11）／あすへの遺産（S50・12）
32 22	淳風《じゅんぷう》	淳風校百年史（S44・7）
23	梅逕《ばいけい》	梅逕百年史（S44・11）／沿革史
24	有済《ゆうさい》	有済創立百周年記念（S44）／改築記念の栞
33	弥栄《やさか》	弥栄校創立百周年記念（S44）／沿革史
25	粟田《あわた》	粟田（S44・9）／京都小学五十年史／京都市立学校園沿革史／洛東粟田（S3）
26	新道《しんみち》	新道（S44）
27	清水《しみず》	清水（S44・10）／京都市清水尋常小学校　改築落成記念帖（S9・4）
28	六原《ろくはら》	京都小学五十年史／京都市立学校園沿革史
29	貞教《ていきょう》	貞教百年（S44・11）
30	修道《しゅうどう》	修道創立百周年記念誌（S44・11）沿革史
31	一橋《いっきょう》	一橋小学校創立百周年記念誌（S44・10）／学校沿革史

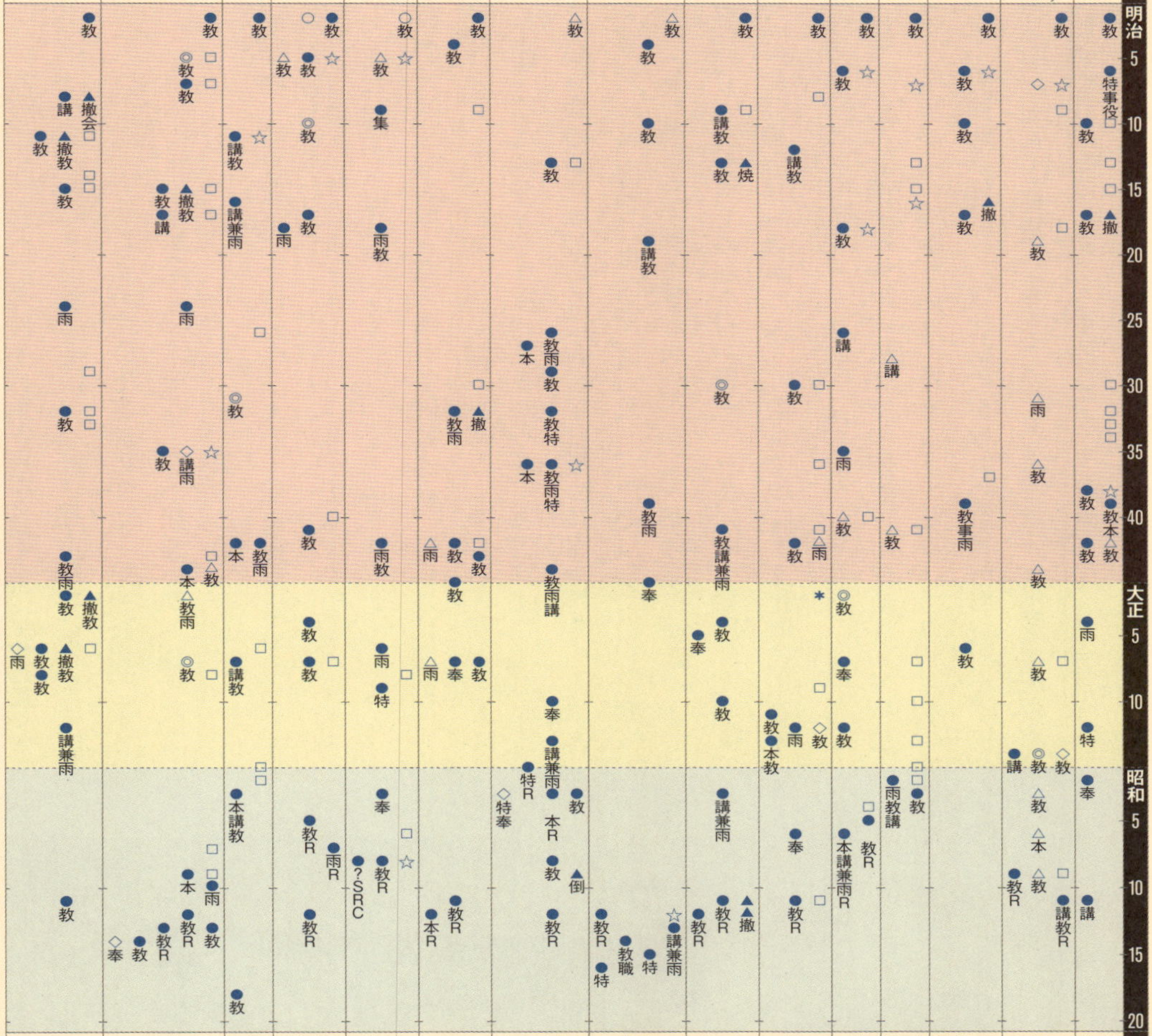

凡例　☆：移転、□：校地拡張、＊：校地縮小、●：新築、△：改築、◎：増築、◇：校地内での校舎の移築、○：創立時に既存建物を使用、▲：撤去・倒壊・焼失
教：教室、職：職員室、特：特別教室、講：講堂、雨：雨天体操場、本：本館、奉：奉安殿、幼：幼稚園、役：役場、R：鉄筋コンクリート造、SRC：鉄骨鉄筋コンクリート造

あとがき

１９９０年、筆者は助手から講師に昇格し、教授から独立して研究室（史的住環境学研究室）を開いた。「京都市における小学校校舎の成立と発展に関する史的研究」（小林広育、１９９３年度）は、研究室初の修士論文である。その頃、筆者の目は奈良に向いていた。明治期、奈良県下小学校の学び舎研究の最終段階であった。筆者が京都番組小学校の調査に本格的に乗り出すのは小林論文の翌年からである。そのあたりのいきさつは「まえがき」の冒頭で書いた。

小林広育氏は、他大学から本学大学院に進み、筆者の研究室に所属した直後京都の小学校のことを調べ始めた。京都の下調べのために筆者が仕向けたのかもしれない。そのあたりの記憶はもはや曖昧である。小林氏の研究は番組校校舎の草創期の状況を探るものであった。必然的に文献探索に力点が置かれた。その段階では、筆者も含め市中に多く現存する戦前期のコンクリート校舎群の価値には十分に気付いていなかったのだろうと思う。ちなみに小林氏は大学院修了後、奈良市文化財保護課に入り、奈良で現在も文化財建造物の保存行政の要として活躍してくれている。

筆者は桃薗校の訪問を契機に、研究室の院生・学生を伴い、京都の旧番組小学校の校舎建築を回り続けることになる。すぐに2本の卒業論文「明治期以降、昭和期前期にかけての京都市旧番組小学校の校舎建築の特色と変遷」（森くるみ、１９９４年度）、「京都市旧番組小学校校舎の建築動向に関する史的研究」（久保康子、１９９５年度）がまとまり、日本建築学会にも研究成果を公表した。近代建築史の分

野でも小学校校舎の通史的研究は目新しく、反響もあり手応えを感じた。

筆者の関心は京都にのみあったわけではない。院生と共に東京にも出張調査をした。首都東京の状況は、京都をはじめとする地方都市や地域を扱う上で必須だと考えていた。その成果は「明治期東京府下区部における小学校校舎の動向」（左近雅美、１９９５年度修士論文）としてまとまり、すぐに学会にも発表した。意外にも明治の東京では、近世以来の寺子屋教育の伝統とシステムに頼った、後進的ともいえる小学校の開設状況が浮き彫りとなった。京都の番組小学校校舎の先駆性がより明確にできたことで、京都の学び舎研究はいっそうの弾みがついた。

折しも１９９８年、京都市文化財保護課から京都市内に現存する戦前校舎に関する悉皆調査の依頼を受け、山田智子氏（現在京都文教短期大学教授）と共に市中の古い校舎を見て回る機会に恵まれた。同時に市内旧郡部の小学校の状況把握も欠かせないと考えた。そうして、旧郡中小学校の校舎建築の動向をまとめた修士論文「京都市域における小学校校舎の歴史的価値に関する史的研究」（中間彩佳、１９９８年度）がまとまった。図らずも京都の市中と周辺部との格差が浮き彫りとなった。このあたりのことは本書で述べた通りである。

このように書いてみると、筆者の小学校研究は常に研究室の院生・学生との二人三脚で進んできたことに気付く。実際、本書に収録した図版の多くは卒論・修論研究の過程で作成されたものであり、そのリライトである。その意味で本書は、京都の小学校校舎の歴史を紐解きたいという筆者の思いを共有するゼミの学生との共同作業の

成果ということになる。ただし断りのない限り、写真は全て筆者撮影である。写真は他人任せにできない、という思いは建築に関わる人間なら誰しも同じであろう。ファインダーが切り取るアングルには撮影者の視点と「建築愛」が込められているからである。

各学校の校長室に残されていた古写真類や、明治以来書き足されてきた『沿革史』、さらには校舎建設に関わる古文書類は、現地調査の折に接写や複写を幾度となく行ってきた。京都市役所では、旧京都市営繕課設計の戦前期小学校校舎の設計図面図書の大量複写も許された。現在その原図の所在は定かではないものの、大判の和紙に烏口《からすぐち》という独特のペンで作図された番組小学校の図面類は、それ自体文化財として価値が高い。

そのようにして収集した学び舎に関する資料群は膨大なものとなったが、本書の刊行に際し、京都市学校歴史博物館が収集し所蔵する資料については同館でそれらを再調査した。全国唯一という学校歴史博物館は、京都の小学校の歴史的価値の高さ故に設立されたものであり、小学校の歴史を顕彰する機関として優れた役割を発揮している。同館それ自体も昭和10年に建った元開智小学校校舎の転用である。その玄関口は、明治9年に落成した旧成徳校の木造本館の車寄せを移設したものであることは本文で触れた。したがって、同博物館での資料調査は学び舎を体感する場ともなった。明治の木造校舎の玄関をくぐり、戦前期の校舎に独特のモザイクタイルを張り詰めた階段の登り降りを楽しんだ。

本書をまとめるにあたっては、京都市学校歴史博物館をはじめとして数多くの学校関係者から多数の資料提供を受けた。同博物館に

おいては学芸員の林 潤平氏から資料複写などで多大の便宜を図っていただいた。前任学芸員である和崎光太郎氏（現在浜松学院大学短期大学部講師）からも様々な形で研究支援を受けた。現役退役を問わず各校舎建築の巡回調査では数え切れないほどの関係者の協力を得たが、代表して本書の編集過程で再訪した銅駝美術工芸高等学校の吉田功校長、嵯峨小学校の田宮みゆき校長、徳田喜則教頭の名を挙げさせていただく。

また、石田潤一郎氏（現在京都工芸繊維大学名誉教授）から提供いただいた京都初のコンクリート校舎である本能小学校解体時の写真は、コンクリートブロック造という特殊工法による校舎建築の実態を示す希少で貴重な資料である。この写真を掲載できたことで、本書も学術的貢献の一端を果たせたように思う。さらに本書の執筆に際しては、川島智生氏（京都華頂大学教授）の『近代京都における小学校建築』（ミネルヴァ書房、２０１５年）から大いに学ばせていただいた。

最後になってしまったが、京都番組小学校１５０年の本年、本書の企画を拾っていただき、短期間のうちに発行にまで筆者を引っ張ってくださった京都新聞出版センター編集部松本直子氏には大変お世話になった。あわせて、校閲の労をお取りいただいた桃夭舎の高瀬桃子氏の正確かつ迅速なお仕事ぶりにも大いに助けられた。HON DESIGN の北尾崇氏には、本書に懐かしさと気品のある形を与えていただいた。本書刊行に際して多大のご助力とご支援をいただいた皆様方には、紙面を借りて心よりの御礼を申し上げたい。

著者略歴

大場 修（おおば・おさむ）

京都府立大学大学院 生命環境科学研究科 教授（工学博士）、専門は日本建築史。

著書に『物語・ものの建築史　風呂のはなし』鹿島出版会（1986年）、『近世近代町家建築史論』中央公論美術出版（2004年、同書で2006年日本建築学会賞（論文）を受賞）、『「京町家カルテ」が解く　京都人が知らない京町家の世界』淡交社（2019年）、編著に『京丹後市のまちなみ・建築』京丹後市（2017年）、共著に『阪神・淡路大震災と歴史的建造物』思文閣出版（1998年）、『京・まちづくり史』昭和堂（2003年）、『京都の近代化遺産』淡交社（2007年）、『みやこの近代』思文閣出版（2008年）、『日本の芸術史　造形編Ⅰ』藝述学舎（2013年）、『今村家文書史料集　上巻』思文閣出版（2015年）他がある。

編集協力　高瀬 桃子（桃夭舎）

ブックデザイン　HON DESIGN

京都 学び舎の建築史
明治から昭和までの小学校

発行日　2019年10月1日　初版発行

編　者　京都新聞出版センター
発行者　前畑 知之
発行所　京都新聞出版センター
〒604-8578　京都市中京区烏丸通夷川上ル
TEL075-241-6192　FAX075-222-1956
http://kyoto-pd.co.jp/book/
印刷・製本　創栄図書印刷株式会社

ISBN978-4-7638-0723-6　C0021

カバー
表紙／（上）立誠校（下）日彰校
裏表紙／（上）梅屋校　（下）安井校
背表紙／龍池校
表折り返し／（上）弥栄校（下）成徳校
裏折り返し／（上）明倫校　（下）龍池校

1頁／清水校、昭和8年築、1995/5/31
2頁／桃薗校、昭和7年築、1995/6/23
6頁／明倫校（現京都芸術センター）、昭和6年築、1998/3/12
8頁／梅屋校、昭和4年築、1998/3/17
9頁／龍池校（現京都国際マンガミュージアム）、昭和4年築、2006/11/01
24頁／中立校、昭和5年築、1994/12/26
151頁／龍池校、昭和4年築、1998/3/11
153頁／成徳校、昭和5年築、2015/3/14
168頁／生祥校、昭和13年築、1998/4/14
169頁／西陣校、昭和11年築（西陣小学校旧蔵）
174頁／教業校、昭和7年築、1998/3/18
176頁／粟田校、昭和12年築、2019/5/16
178頁／明倫校、昭和6年築、2010/4/21